Quick Guide

Reihe herausgegeben von
Springer Fachmedien Wiesbaden,
Wiesbaden, Deutschland

Quick Guides liefern schnell erschließbares, kompaktes und umsetzungsorientiertes Wissen. Leser erhalten mit den Quick Guides verlässliche Fachinformationen, um mitreden, fundiert entscheiden und direkt handeln zu können.

Michael Bartz

Quick Guide Finanzberatung für Ärzte und Zahnärzte

Von Examen bis Niederlassung beraten und absichern

Michael Bartz
Münchweiler, Deutschland

ISSN 2662-9240 ISSN 2662-9259 (electronic)
Quick Guide
ISBN 978-3-658-37643-7 ISBN 978-3-658-37644-4 (eBook)
https://doi.org/10.1007/978-3-658-37644-4

Die Deutsche Nationalbibliothek verzeichnet diese Publikation in der Deutschen Nationalbibliografie; detaillierte bibliografische Daten sind im Internet über http://dnb.d-nb.de abrufbar.

Springer Gabler
© Der/die Herausgeber bzw. der/die Autor(en), exklusiv lizenziert an Springer Fachmedien Wiesbaden GmbH, ein Teil von Springer Nature 2022
Das Werk einschließlich aller seiner Teile ist urheberrechtlich geschützt. Jede Verwertung, die nicht ausdrücklich vom Urheberrechtsgesetz zugelassen ist, bedarf der vorherigen Zustimmung des Verlags. Das gilt insbesondere für Vervielfältigungen, Bearbeitungen, Übersetzungen, Mikroverfilmungen und die Einspeicherung und Verarbeitung in elektronischen Systemen.
Die Wiedergabe von allgemein beschreibenden Bezeichnungen, Marken, Unternehmensnamen etc. in diesem Werk bedeutet nicht, dass diese frei durch jedermann benutzt werden dürfen. Die Berechtigung zur Benutzung unterliegt, auch ohne gesonderten Hinweis hierzu, den Regeln des Markenrechts. Die Rechte des jeweiligen Zeicheninhabers sind zu beachten.
Der Verlag, die Autoren und die Herausgeber gehen davon aus, dass die Angaben und Informationen in diesem Werk zum Zeitpunkt der Veröffentlichung vollständig und korrekt sind. Weder der Verlag, noch die Autoren oder die Herausgeber übernehmen, ausdrücklich oder implizit, Gewähr für den Inhalt des Werkes, etwaige Fehler oder Äußerungen. Der Verlag bleibt im Hinblick auf geografische Zuordnungen und Gebietsbezeichnungen in veröffentlichten Karten und Institutionsadressen neutral.

Lektorat/Planung: Vivien Bender
Springer Gabler ist ein Imprint der eingetragenen Gesellschaft Springer Fachmedien Wiesbaden GmbH und ist ein Teil von Springer Nature.
Die Anschrift der Gesellschaft ist: Abraham-Lincoln-Str. 46, 65189 Wiesbaden, Germany

Danksagungen

Danke an den Verlag, in Person von Frau Vivien Bender für die Anmerkungen und die Geduld.

Danke auch an meine Mandanten die ich seit mehr als einer Dekade begleite und an deren Leben und Entwicklung ich teilhaben darf.

Danke an meine Kollegen bei MLP die mich täglich inspirieren und eine erhebliche Mitverantwortung dafür tragen, dass ich diesen Beruf so liebe. Stefan Greth, Markus Mathäy, Markus Herberg, Tim Ahrberg, Achim Arnoldy, Stephan Hahne, Oliver Ebert, Ann Katrin Kuhlmann, Vanessa Göckel, Marco Hartmann, Fotini Anastassiou, Christopher Kühn, Maximilian Berg, Viktor Schäfer, Blerina Mulliqi. Danke für den bisherigen gemeinsamen Weg.

Danke an meine Kinder die es schaffen mich zu erden. Danke Clara, Maxima und Leonora.

Danke an unseren großen Freundeskreis der immer für viel Freude und Inspiration sorgt. Danke an Markus, Sarah, Ronni, Moni, Gerd, Sandra, Benni, Aline, Marco, Sissi, Miri, Timo, Wawi, Carolin, Tine, Stefan, Janine und Christian.

Danke an meine Eltern Evi und Alfred und an meine Schwiegermutter Elisabeth die immer für uns da sind.

Danke an Oliver Türk und Runa Doster für die Herberge. Danke für eure Geduld und die guten Gespräche die mich letztlich bestärkt haben das Projekt anzugehen.

Danke an meine beste Freundin, größte Kritikerin, und Ehefrau Alexandra. Ohne Sie wären die letzten 10 Jahre nicht denkbar gewesen. Danke.

Vorbemerkung Disclaimer

Das vorliegende Buch ersetzt weder eine qualifizierte Finanzberatung noch eine steuerliche oder rechtliche Beratung. Die Inhalte und Ansätze sind die Meinung und Erfahrungen des Autors. Für den Inhalt verantwortlich ist der Autor.

Nutzen Sie das Buch bitte als Blitzlicht in die Blackbox Kapital – und Finanzmarkt. Es gibt unzählige Lösungen und Produkte. **Das Buch soll Ihnen als Mediziner helfen eine Idee davon zu bekommen, auf welche Aspekte geachtet werden sollte und welche Dinge, die am Markt erzählt werden, einfach unzutreffend und irrelevant sind.**

Sofern Sie Berater sind und einen ersten Einstieg in die Beratung von Medizinern gewinnen wollen, nutzen Sie dieses Buch als „Reizgeber" sich fachlich und vertrieblich mit den Inhalten zu befassen. Unabhängig, ob Sie nun Berater oder Mediziner sind, letztlich hoffe ich auch, dass die Lektüre Ihnen Freude bereitet. Unterstützend habe ich neben den fachlichen Inhalten auch einige Anekdoten eingefügt die den Leseprozess etwas „auflockern".

Die Innovationszyklen in der Finanzindustrie sind sehr kurz, und die Halbwertszeit von Wissen verringert sich stetig. Ich habe gemeinsam mit dem Verlag versucht das Buch so aktuell und korrekt wie möglich zu gestalten. Es kann allerdings gut sein, dass bestimmte Sachverhalte im Verlauf einer ersten Auflage bzw. Publikationsprozesses nicht mehr aktuell sind.

Inhaltsverzeichnis

1	**Einleitung: Ärzte haben andere Fragestellungen**	1
2	**Medizin im Wandel**	5
3	**Wertschätzende Kommunikation**	11
4	**Versicherungen**	15
	4.1 Berufshaftpflicht und Privathaftpflicht	16
	4.2 Rechtschutzversicherung	19
	4.3 Berufsunfähigkeitsschutz	21
	4.4 Krankenversicherung	24
	4.5 Unfallversicherungen	28
	4.6 Hausrat	30
	4.7 Wohngebäudeversicherung	32
	4.8 Risikolebensversicherung	33
5	**Ärztliche Versorgungswerke in Deutschland**	37

6 Vermögensaufbau für Mediziner — 41
- 6.1 Konten und Liquiditätsströme — 44
- 6.2 Mittelfristige Anlagen — 46
- 6.3 Finanzierung — 49
- 6.4 Immobilien als Kapitalanlage — 53
- Literatur — 57

7 Ausbildung und Entwicklungsstufen — 59
- 7.1 Studium und Praktisches Jahr — 59
  - 7.1.1 Auslandsfamulaturen oder Tertiale — 60
  - 7.1.2 PJ Häuser — 61
- 7.2 Kleine Anekdote: Der Gucci Mops — 63
- 7.3 Einstieg als Assistenzarzt — 64
- 7.4 Der Weg zum Facharzt — 68
- 7.5 Fachrichtungen und deren ökonomische Perspektive — 69
- Literatur — 71

8 Karrierestufen und klinische Entwicklung nach dem Facharzt — 73
- 8.1 Funktions Oberarzt, Oberarzt, Leitender Oberarzt — 73
- 8.2 Chefarzt — 74
- 8.3 Ärztlicher Direktor oder Ärztlicher Geschäftsführer – Klinikvorstand — 75
- Literatur — 76

9 Selbstständigkeit — 77
- 9.1 Kleine Anekdote: Wie ein Kunde von mir zu seiner Praxis kam — 77
- 9.2 Niederlassung — 79
  - 9.2.1 Rechtsformen — 81
  - 9.2.2 Strategische Fragestellungen — 83
  - 9.2.3 Kosten — 85
  - 9.2.4 Ablauf — 87

9.3 Ruhestandsplanung und Praxisverkauf — 88
9.4 Ärzte im Ruhestand — 90
Literatur — 91

10 Steuerberater, Rechtsanwälte, Banker, Finanzmakler — 93

Abkürzungsverzeichnis

Afa	Abschreibung für Abnutzung
BAV	Betriebliche Altersvorsorge
BGH	Bundesgerichtshof
BHV	Berufshaftpflichtversicherung
CA	Chefarzt
OA	Oberarzt
DRV	Deutsche Rentenversicherung Bund
BU	Berufsunfähigkeitsabsicherung
EZB	Europäische Zentralbank
FA	Facharzt
GbR	Gesellschaft bürgerlichen Rechts
GDV	Gesamtverband Deutscher Versicherer
GmbH	Gesellschaft mit beschränkter Haftung
GKV	Gesetzliche Krankenversicherung
MVZ	Medizinisches Versorgung Zentrum
BAG	Berufs Ausübung Gemeinschaft
ÜBAG	Überörtliche Berufsausübungsgemeinschaft
SB	Selbstbeteiligung
SGB	Sozialgesetzbuch
StB	Steuerberater
PD	Privatdozent
PJ	Praktisches Jahr
PHV	Privathaftpflichtversicherung

Abkürzungsverzeichnis

PKV	Private Krankenversicherung
KFZ	Kraftfahrzeug
KVdR	Krankenversicherung der Rentner
KV	Krankenversicherung und Kassenärztliche Vereinigung
KFO	Kieferorthopädie
LWS	Lendenwirbelsäule
MBO – Ä	Musterberufsordnung für Ärzte
GVWG	Gesundheitsversorgungsweiterentwicklungsgesetz
UHNWI	Ultra high net worth individuals

1

Einleitung: Ärzte haben andere Fragestellungen

Ärzte habe es am besten von allen Berufen: Ihre Erfolge laufen herum und ihre Misserfolge werden begraben. Jaques Tati.

Die Gruppe der Angestellten in Deutschland mit dem höchsten Durchschnittseinkommen sind Oberärzte. Die Berufsgruppe mit dem höchsten sozialen Ansehen in Deutschland sind Ärzte. Mediziner sind gern gesehene Kunden. Insbesondere in der Finanzindustrie. Sei es beim Banker, beim Versicherungsvertreter oder beim Finanzmakler.

Das hat mehrere Gründe, wovon allerdings zwei am schwersten wiegen. Ärzte haben ein gutes Einkommen und eine extreme Jobsicherheit also geringe Risiken unerwartet arbeitslos zu werden. Und Ärzte haben entweder wenig Ahnung von Finanzen (zumindest bis jemand CA wird oder sich niederlässt) und in jungen Jahren nicht die Zeit sich mit den Themen zu beschäftigen, weil das „Klinikmonster" mit seinen vielen Diensten die Kollegen einfach „verschluckt."

Dieses Buch schafft Abhilfe Es hilft Ihnen sich einen ersten Überblick zu verschaffen und die Empfehlungen der Berater besser einordnen zu können (Denn es ist empfehlenswert einen Berater zu haben) Für alle Personen die gerne Ärzte als Kunden gewinnen möchten, schafft dieses Buch die Grundlage diese fantastische Kundengruppe zu gewinnen und nachhaltig und langfristig zu begeistern. Es ist ein Privileg Mediziner beraten zu dürfen allerdings muss das offen und fair passieren. Dieses Buch hilft dabei die Grundlagen dafür zu schaffen.

Finanzberatung von Ärzten ist anspruchsvoll, weil viele Fragestellungen nicht alltäglich sind und wir uns damit in einem Markt bewegen der stetig neuen gesetzlichen Vorgaben und Veränderungen unterworfen ist. Die Gesetze verändern sich auf Seiten der Regulatoren durch die BAFIN und Aufsichtsbehörden, aber auch durch neue Gesetze im Gesundheitswesen in der Abrechnung, im Steuerrecht und im Standesrecht der freien Berufe. **Ohne stetige Beschäftigung mit dem Thema und Weiterbildung wird es langfristig äußerst schwierig Ärzte und deren Familien qualitativ gut zu beraten.**

In dem Buch werden **viele Themen grundlegend illustriert**, aber niemals in voller Tiefe behandelt. Das würde den Umfang und den Anspruch deutlich sprengen. Es ist keine Dissertationsschrift. Auch kein wirtschaftliches Gutachten. Das Buch vermittelt den breiten Eindruck und einen Überblick über die speziellen Themen die Ärzte in finanzieller Hinsicht im Verlauf Ihrer Karriere haben werden und haben. Seit mehr als 10 Jahren berate und begleite ich Ärzte und deren Familie in allen finanziellen Fragestellungen in jedweder Lebensphase. Ich mache das hauptberuflich und es lastet mich vollkommen aus. Die Fragestellungen sind komplex. Aber deshalb macht es auch so viel Spaß Ärzte zu beraten.

Hier einige Beispiele für Fragestellungen die kommen werden. **Viele Mediziner lassen sich nieder.** Das bedeutet Sie werden im Verlauf Ihres Lebens Unternehmer und/oder Teilhaber an einem Unternehmen. Die Rechtsformen von Praxen, MVZs, BAG, ÜBAG etc. sind vielfältig und bedürfen der tiefen Sachkenntnis. Denn und das ist ein grundsätzlicher Ratschlag, es gibt niemals die pauschal beste Lösung im Finanzbereich. Es kommt immer auf die individuellen Fragestellungen des Kunden an, auf seine Wünsche, seine Ziele, die Rahmenbedingungen und die persönlichen Präferenzen. So auch bei der Wahl der Rechtsform seiner Praxis.

Ärzte zahlen auch nicht in die deutsche Rentenversicherung Bund ein Sie organisieren Ihre Altersvorsorge über sogenannte Versorgungswerke. Das sind regionale Einrichtungen, die in Ihrem Zuschnitt in etwa der Aufteilung in Bezirksärztekammern entsprechen. (ungefähr) Das hat Konsequenzen für Mediziner. Manche davon sind positiv, manche zumindest zu hinterfragen und manche wirken sich äußerst negativ aus.

Mediziner haben ein latent bis manifestes Thema im Hinblick auf **persönliche Haftung.** Denn wenn ein Arzt einen Fehler macht, geht es zumeist um das leibliche Wohl eines anderen Menschen, wenn nicht sogar um Leib und Leben. Und auch wenn Sie eine Praxis besitzen oder Teilhaber sind, wird es kompliziert die Rechtsform und die Verträge so auszugestalten, dass Sie als Arzt nicht mit dem kompletten privaten Vermögen haften, beispielsweise gegenüber der KV.

Und last but not least, Mediziner arbeiten viel und lange. Und haben daher wenig Lust sich mit bestimmten Themen in der Tiefe auseinanderzusetzen. Daher sind Ärzte froh, wenn Sie jemanden haben mit dem **Sie auf Augenhöhe Ihre Finanzen besprechen können und der mit Rat und Tat zur Seite steht.** Das bedingt allerdings ein gewachsenes Vertrauensverhältnis und massive Kompetenz auf Seiten des Beraters. Nicht jeder kann und nicht jeder sollte Mediziner beraten. Und nicht jeder Mediziner sollte sich vom nächstbesten Berater „belabern" lassen. Dieses Buch wird Ihnen helfen Einblicke in bestimmte Themen zu gewinnen. Die Ärzteschaft wandelt sich außerdem. Neben der extremen „Feminisierung" des Studienfachs werden zunehmend auch andere Themen wie „work – life balance" und Selbstverwirklichung wichtiger.

Sie werden es merken, ob es ein Berater wirklich ernst mit Ihnen meint, wenn er nicht immer nur den Abschluss sucht, sondern sich auch die Zeit und die Freiheit leisten kann einfach mit Ihnen über Ihre Wünsche und Vorstellungen zu sprechen.

Die Finanzindustrie ist leider noch immer getrieben durch Provisionen. Zwar werden in vielen Bereichen langsam auch Honorare möglich aber diese Entwicklung kommt nur sehr langsam voran. Man kann auch Argumente dafür finden das System so zu belassen, wie es ist. Denn die Provisionsberatung sorgt dafür, dass sich jeder, ohne auch nur einen Cent dafür ausgeben zu müssen zumindest beraten lassen kann, während ein

100 % Honorarsystem dazu führen wird, dass qualifizierte Finanzberatung ein Luxusgut werden wird. Warten wir ab.

Als Mediziner werden Sie sich spätestens mit der Niederlassung oder der Funktionsoberarztstelle beraten lassen müssen Daher verschaffen Sie sich einen Überblick und suchen Sie sich einen Partner, mit dem Sie wachsen und sich entwickeln können.

Das Buch arbeitet die einzelnen Themenbereiche nacheinander ab. Etwa in der Reihenfolge in der es die Kunden an mich als Berater herangetragen haben und es auch heute noch tun. Die Bearbeitung der Themen und die daraus ab geleitenden **Handlungsempfehlungen spiegeln meine eigene professionelle Meinung wider. Noch ein Hinweis dazu.**

Ich habe versucht in dem Buch einen strukturierten Überblick zu geben im Sinne einer Regelhaftigkeit der Normalverteilung. **Aber keine Regel ohne Ausnahme.** Manche Ausnahmen habe ich bewusst weggelassen und es gibt mit Sicherheit einige Punkte die ich zum Zeitpunkt der Texterstellung noch nicht gewusst habe. Auch ich lerne, stetig und andauernd. Das ist ein Prozess. Und es ist der Weg der uns veredelt, nicht das Ziel. In diesem Sinne: Viel Spaß und Erkenntnis bei der Lektüre!

2

Medizin im Wandel

„Nicht ist so beständig wie der Wandel." (Heraklit von Ephesus, 535–475 v. Chr.) Viele kennen das Zitat. Für viele Branchen war dies auch zu jeder Zeit zutreffend. Jedoch nicht in der Medizin. Zwar hat sich der medizinische Fortschritt entwickelt, aber strukturell hat sich im Gesundheitsmarkt kaum etwas verändert. Doch in den letzten 5–7 Jahren hat der Wandel an Dynamik aufgenommen. Und zwar gleich aus mehreren Richtungen. Der medizinische Fortschritt beschleunigt sich erheblich, da die Entwicklung von Medikamenten und Therapien einen enormen Sprung gemacht hat. Auf der anderen Seite ist zu beobachten, dass die Ärzteschaft sich in Deutschland zunehmend „feminisiert". Die strikten Zugangsbeschränkungen zum Medizinstudium führen dazu, dass nur die besten Abiturienten zugelassen werden ohne erhebliche Wartezeiten in Anspruch nehmen zu müssen. Und die besten Abiturienten sind häufig Frauen. Leider entspricht die Anzahl der weiblichen CA's nicht der Über-repräsentanz in den Kliniken. Sofern sich diese Tatsache in den kommenden Jahren nicht ändern wird, ist zu erwarten, dass die Politik, ähnlich wie bei anderen Unternehmen, eingreifen wird und ggf. eine CA Quote einführen könnte.

Frauen bekommen Kinder und häufig wird dem tradierten Bild gefolgt, dass die Frauen dann auch länger daheim bleiben bei den Kindern. Das führt zu verlängerten Ausbildungszeiten hin zum Facharzt. Dadurch werden Frauen in Ihrer Karriere auch später OÄ, was sich wiederrum in konkreter Erfahrung und im Lebenslauf bei etwaigen Bewerbungen um CA – Stellen bemerkbar macht. Wir und damit meine ich die gesamte Gesellschaft können es uns aber nicht leisten, dass hochqualifizierte Ärzte die Stellen reduzieren, oder noch schlimmer komplett aufhören zu arbeiten. Daher müssen die Arbeitgeber hier deutlich flexibler werden und mehr Angebote schaffen, die es Frauen in der Medizin ermöglichen Karriere zu machen und eine Familie zu haben. Arbeitgeber, die das umsetzen werden einen erheblichen Vorsprung haben gegenüber den Kliniken die sich nicht anpassen. Die Anwerbung von ausländischen Ärzten ist zeitintensiv und teuer. Es wird auch nicht so gerne gesehen von den Ländern, die die Ärzte abgeben. Weil die Mediziner in diesen Ländern für viel Geld ausgebildet wurden. Insofern ist die Niederlassungsfreiheit innerhalb der EU, Fluch und Segen zugleich. Die KV'en stehen häufig vor der Herausforderung die Ausbildung von ausländischen Medizinern bewerten zu müssen und dann ggf. Äquivalenzbescheinigungen auszustellen. Das sind komplexe Prozesse und es gibt kaum Vorlagen dafür, wie man die medizinische Ausbildung eines Kollegen bewertet der noch in der Aus -und Weiterbildung ist.

Außerdem erscheint vielen Ärzten der Weg in die ambulante Versorgung, also raus aus der Klinik rein in eine Praxis zu unsicher. Daher wird lieber der sichere Weg gewählt, wenngleich das teils erhebliche Belastungen durch die vielen Dienste in den Kliniken mit sich bringt. Diese Entwicklung forciert den „Ärztemangel" in ländlichen Gebieten weiter. Dabei war es noch nie so einfach und lohnend in die ambulante Versorgung zu wechseln wie in den letzten Jahren. Grund dafür ist der Wandel von einem „Abgebermarkt" zu einem „Suchermarkt". Heutige Inhaber von Praxen können in manchen KV Gebieten froh sein, überhaupt einen Nachfolger zu finden. Hohe Ablösepreise lassen sich gerade in ländlichen Gebieten schwer erzielen. Beobachtbar sind teilweise Phänomene, dass sich Politik und Verwaltung mit einschalten in diesen eigentlich privatwirtschaftlichen Prozess. Das bedeutet Bürgermeister helfen bei der Suche nach einem neuen Arzt für den Ort. Da werden dann teilweise vergünstigte Bauplätze und temporäre Mietübernahmen angeboten. Insofern können es sich Ärzte an vielen Standorten in Deutschland heute aussuchen welche Praxis übernommen werden soll.

Diese Tendenzen wiederum führen zu größeren Einheiten. Der Einzelkämpfer in Einzelpraxis auf dem Land ist ein aussterbendes Modell. Die Möglichkeiten von neuen Rechtsformen und Kooperationsformen führen auch zu überfachlich größeren Einheiten. Teilweise findet man in MVZs eine modernere und zeitgemäßer Versorgung vor als in manchen Kreiskrankenhäusern. Große überörtliche Einheiten in der ambulanten Versorgung erleichtern es den medizinischen Nachwuchs aus den Kliniken aufs Land und in die ambulante Versorgung zu bringen. Außerdem können für die Anteilseigner extreme Skaleneffekte auftreten, so dass deutlich mehr Einnahmen bei gleicher oder weniger Arbeit erreicht werden kann. Auch die Möglichkeiten, dass Investoren sich an bestimmten Rechtsformen beteiligen, wird diese Entwicklungen weiter forcieren, insbesondere auch deshalb, weil die Renditen, die aus einer gut geführten medizinischen Versorgungseinheit zu realisieren sind, erheblich über dem liegen, was bei einer „normalen" unternehmerischen Beteiligung zu erwarten ist.

Viele Ärzte sind auch nicht besonders interessiert an ökonomischen Erfolg. Es ist einfach gegeben, dass Ärzte ordentlich Geld verdienen und damit recht angenehm leben können. Viele Kunden sind überrascht, wenn Sie nach 3–5 Jahren im Beruf mehr und mehr Vermögen bilden. Daher sind auch unternehmerische Entscheidungen im Sinne von „reich werden" eher nicht die „Baustelle" der Ärzte.

Ärzte möchten Medizin machen und das Thema Freiheit und Selbstbestimmtheit nimmt dabei eine wichtige Rolle ein. Ärzte sind in der Regel familienorientierte Menschen, die gerne helfen und die etwas „Sinnvolles" in Ihrem Leben und im Beruf machen möchten. Bei kaum einer meiner Kunden ist ökonomischer Erfolg das Hauptmotiv bestimmte Entscheidungen zu treffen. Es sind viel häufiger die Motive der Selbstbestimmtheit und der Freiheit. Diese Tendenzen sind in den letzten Jahren nicht weniger geworden. Ich behaupte das Thema „Freiheit und Selbstbestimmtheit" ist eines der wesentlichsten im Leben von Ärzten. Neudeutsch subsumiert sich das unter dem Begriff „Work Life Balance" oder auch den sozio – demographischen Beschreibungen der Generation

Y. Der Wandel hat nicht nur die Medizin erreicht, nein er hat die Köpfe der Mediziner erreicht. Das wird dazu führen, dass wir auch in der ambulanten Versorgung immer mehr angestellte Ärzte haben werden. Der freie Beruf des niedergelassenen Mediziners wird weniger und weniger vertreten sein. Inwieweit sich diese Entwicklungen wieder umkehren und wo diese Tendenzen letztlich enden werden bleibt abzuwarten. Für Ärzte und deren Berater bedeutet es sich stetig weiterzubilden und ein Ohr an der Zeit haben zu dürfen, um mit diesen Entwicklungen mithalten zu können. Langweilig wird es also nicht.

> **Anekdote**
>
> Einer meiner Mandanten hat für das Thema „Freiheit" sogar ein eigenes Konto. Auf diesem Girokonto lagen immer 60.000–80.000 EUR, weil der Kunde genug Geld haben wollte, um sich einen VW Camping Bus kaufen zu können und damit eine Tour durch Skandinavien zu machen, falls er spontan seinen Job in der Klinik kündigt. Er hat das Konto erst aufgelöst und erheblich reduziert als Strafzinsen, bzw. Verwahrentgelt eingeführt wurde.

Ein letzter Aspekt, der sich bei Medizinern aktuell verändert sind Prozesse aus der Wirtschaft die in Praxen und Kliniken zunehmend an Stellenwert gewinnen. Damit gemeint sind beispielsweise bestimmte Qualitätszertifizierungen und Normen, welche Jahr für Jahr evaluiert werden. Diese Prozesse in Verbindung mit der steigenden Relevanz der IT in Praxen und Kliniken treibt die Entwicklungen weiter. So sehen sich Mediziner konfrontiert mit Themen des Datenschutzes, der Cybersicherheit und eben auch der Cyberkriminalität. Daten sind die Währung des 21. Jahrhundert. Und diese Daten sind begehrt und wertvoll. Insofern werden auch Ärzte und deren Firmen und oder Arbeitgeber zunehmend Fragestellungen und Lösungen entwickeln müssen im Hinblick auf Datenschutz und Datensicherheit.

In unserem Geschäft, der Versicherungsbranche gibt es teils ähnliche Tendenzen. So sollen über Datenabgleich mit den Autos der versicherten die Tarife danach angepasst werden, wie ruppig oder gesittet jemand Auto fährt. Es gibt Ideen von privaten Krankenversicherungen auf die Daten einer Apple Watch zuzugreifen. Überhaupt sollen mehr und mehr

Daten die wir durch Sportapps oder Ernährungsapps oder auch unsere Bewegungsprofile freiwillig sammeln und preisgebe einen gesteigerten Einfluss darauf haben wie viel Geld wir für unsere Sicherheit und unsere Gesundheit ausgeben müssen. Wo diese Entwicklungen in den nächsten 20–40 Jahren hinführen werden ist aus meiner Sicht kaum absehbar.

3

Wertschätzende Kommunikation

Wenn Sie als Kunde eine Finanzberatung haben wollen, dann seien Sie sich bewusst, dass es am Markt viele Anbieter gibt. Diese Anbieter können Versicherungsvertreter, Banker, Makler oder Spezialmakler sein. Und innerhalb dieser unterschiedlichen Anbieter gibt es dann auch viele unterschiedliche Charaktere. Die Anbieter unterscheiden sich darin auf welche Produkte zugegriffen werden kann und in welchen Bereichen (Manche mit Banking, manche ohne). Vertreter vertreten eine Gesellschaft, Makler einen Teil des Marktes. Das ist an der Stelle nicht wertend. Das ist mir wichtig. Ich selbst bin Makler. Seit mehr als einer Dekade bewege ich mich im Markt und ich bin der festen Überzeugung, dass es Makler gibt, die einen ganz miesen Job machen und Versicherungsvertreter, die einen genialen Job machen. Und umgekehrt.

Die fachliche Qualität werden Sie in einem ersten Gespräch nur schwer feststellen können. Jeder behauptet von sich irgendwie der Beste zu sein. Ein Kunde von mir hatte mir nach einer Empfehlung, also er wurde empfohlen absichtlich Fallen gestellt im Erstgespräch und bewertet, ob ich fachlich so gut bin, die Fehler zu erkennen und diese auch anspreche. Das ist mir bisher aber nur einmal in der ganzen Zeit passiert. Also wird es zum Start einer Beziehung auf das Bauchgefühl ankommen. Erst im Verlauf werden Sie es merken und spüren, ob es ein Berater wirklich ernst meint mit einer langfristigen Zusammenarbeit oder nur den schnellen Abschluss gesucht hat.

Auch wenn die rechtlichen Unterschiede der beiden Gruppen immens sind, muss ich sagen, darauf kommt es nicht an. Es kommt auf die handelnden Personen an. Und es kommt auf die Beziehung zwischen Arzt und Berater an. Ich selbst habe Kunden nach bestem Wissen und Gewissen beraten und musste mir nach 5, 6 und 10 Jahren eingestehen, dass es einfach nicht funktioniert. Nicht das Geschäftsmodell hat mit dem Kunden und für den Kunden nicht funktioniert, sondern die Beziehung und die Kommunikation. Und ohne die Möglichkeit offen, fair, ehrlich und auf Augenhöhe miteinander zu kommunizieren werden weder Sie als Kunde noch der Berater langfristig im gemeinsamen WinWin glücklich. Das sollte aber das Ziel sein.

Kommunikation, die eine Chance haben soll zu gelingen bedingt für mich, dass man zuhört. Und zwar nicht um zu antworten, sondern um zu verstehen. Das ist ein eklatanter und unfassbar wichtiger Unterschied. Wenn man zum Bespiel mit dem Mandanten bespricht, was wichtig ist in der Zusammenarbeit und der Mandant sagt „Zuverlässigkeit" dann muss der Berater nachfragen. Denn es kann sein, dass der Mandant darunter versteht, dass der Berater seriös ist und sich an Termine hält und der der Berater darunter versteht, dass er stets schnell antwortet und sich an Absprachen hält. Daher ist es wichtig, dass nachgefragt wird. Besser einmal zu viel. Und zwar mit offenen Fragen.

Auch als Kunde sollten Sie stets nachfragen. Wenn der Berater erläutert, dass eine Kapitalanlage sicher ist, dann muss man gemeinsam besprechen welche Definition von sicher hier gerade gemeint ist und ob es eine Deckung gibt oder Differenzen. Je besser und deutlicher die Klärung der Begriffe und die Auftragsklärung im Binnenverhältnis desto einfacher wird die Zusammenarbeit sein und desto mehr Spaß werden Sie mit Ihrem Berater über die Dekaden der Zusammenarbeit haben.

Das bedeutet auch, dass man sich Kritik spiegeln kann. Aber wertschätzend. Also bewerten und kritisieren Sie immer das Verhalten der Menschen aber nicht die Person selbst und versehen Sie die Kritik mit einem Wunsch und einem Appel, was Sie sich an dieser Stelle anders gewünscht hätten. Nur so kann Zusammenarbeit gelingen. Es ist wichtig, dass Sie als Kunde offen ansprechen, wenn Sie etwas inhaltlich nicht verstehen und oder mit etwas nicht zufrieden sind oder andere Vorstellungen haben. Weil dann kann man das besprechen. Es ist wichtig, dass der Kunde zu Wort kommen kann und dass Sie äußern können, welche Punkte Ihnen wichtig sind und wie eine Priorisierung der Problemstellungen sich aus Ihrer Sicht darstellt. Ein guter Berater nimmt das auf, ohne es zu bewerten und moderiert etwaige Fehler und irrationale Annahmen dann gemeinsam mit Ihnen aus. Das hat zur Folge, dass ein Berater durchaus auch mal mit Themen nerven kann und nicht immer freundlich alle Ideen den Kunden ab nicken wird.

Es ist ähnlich wie mit dem Hausarzt. Wenn ein Patient übergewichtig ist, raucht, keinen Sport macht und sich falsch ernährt, dann kann der Arzt sagen mach weiter so und der Patient wird denken wow was für ein netter Kerl, aber es wird dazu führen, dass der Patient massive gesundheitliche Probleme bekommen wird. Und daher sollte man in einer solchen Situation erwarten dürfen, dass der Hausarzt einem ganz offen spiegelt, dass es so nicht weitergehen sollte und was mögliche Konsequenzen sind. Was der Patient/Kunde dann daraus macht ist wiederum eine freie und persönliche Entscheidung. Aber eine fundierte und bildhafte Aufklärung sollte dabei schon passiert sein. Auch weil aus einer solchen Beziehung eine gewisse Verantwortung resultiert. Also achten Sie darauf wie man mit Ihnen spricht und reflektieren Sie darüber, warum man so mit Ihnen spricht. Dann werden Sie auch den passenden Berater und/oder die passenden Kunden finden.

4

Versicherungen

> **Wichtig**
>
> Nutzen Sie Versicherungen, um die **wirklich existenziellen Risiken** abzusichern.
> Sie werden mit einer hohen statistischen Wahrscheinlichkeit mehr in eine Versicherung einzahlen als Sie am Ende bekommen (Das ist das Kollektivprinzip von Versicherungen)
> **Kaufen Sie kein Produkt, dass Sie nicht verstehen.** Halten Sie es kurz und einfach – dafür aber qualitativ hochwertig.
> Passen Sie den **Schutz** regelmäßig an und lassen Sie extern überprüfen ob die eingekauften Lösungen noch Ihren Lebensumständen entsprechen oder nicht.

„Es ist besser, eine Versicherung zu haben und nicht zu brauchen, als eine Versicherung zu brauchen und nicht zu haben." (Autor unbekannt)

Neben den Pflichtversicherungen die Sie sowohl in der klinischen Karriere wie auch in einer Praxis haben sollten, gibt es noch eine vielfältige Auswahl an anderen Produkten. **Grundsätzlich gilt der Merksatz: Was mich finanziell existenziell treffen könnte – muss ich über eine Ver-**

sicherung absichern. Und ja, häufig genug zahlt man Geld für eine Versicherung und nimmt diese niemals in Anspruch. Aber das ist nun einmal die Grundidee des Versichertenkollektivs. Übrigens eine sehr solidarische Idee. Und auch hier gilt: Zunächst sollte die **individuelle Situation geprüft** werden, dann wird der Bedarf festgehalten und dokumentiert. Am Ende werden die passenden Produkte ausgewählt.

Beim Abschluss der Versicherungen sollten Sie das Produkt einmal in seiner Wirkungsweise verstanden und durchdrungen haben. Das dürfen Sie dann auch gerne wieder vergessen, weil ein guter Berater es Ihnen auch nach 3, 4, 5 und 15 Jahren wieder so erklären wird, dass Sie den Sinn hinter der Absicherung wieder verstehen werden.

4.1 Berufshaftpflicht und Privathaftpflicht

Wenn Sie Ihre Approbation beantragen, dann unterschreiben Sie bei der zuständigen Ärztekammer unter anderem dafür, dass Sie ausreichend Schutz im Bereich der Berufshaftpflicht haben.[1] Insofern ist dieses Produkt eine **Pflichtversicherung für Ärzte und Zahnärzte.**

Die Berufshaftpflicht sollte ab dem klinischen Teil des Studiums schon abgeschlossen werden. Denn Sie werden durch Famulaturen und spätere PJ – Tertiale schon am Patienten behandeln und mit Patienten Kontakt haben. Außerdem werden Sie es mit teuren und empfindlichen Geräten zu tun haben und letzlich wird es so sein, dass Sie durch die medizinische Ausbildung, die Sie haben in einer so genannten Garantenstellung[2] sein werden.

> Es ist ein großer Vorteil im Leben, die Fehler, aus denen man lernen kann, möglichst früh zu begehen. Winston Churchill.

---

[1] MBO- Ä § 21 Haftpflichtversicherung. GVWG Gesundheitsversorgungsweiterentwicklungsgesetz vom 11.07.2021 Bundesgesetzblatt Jahrgang 2021 Teil I, Nr. 44.
[2] Bei der Garantenstellung (bekannt auch als „Garantenpflicht") handelt es sich um eine Pflicht im Strafrecht, dafür einzustehen, dass ein bestimmter tatbestandlicher Erfolg nicht eintritt. Es handelt sich dabei um einen Terminus technicus aus dem Strafrecht. Sie ist eine zwingende Voraussetzung für die Bejahung einer Straftat bei unechten Unterlassungsdelikten.

Das bedeutet es wird von Ihnen erwartet, dass Sie mehr medizinische Hilfe leisten können bei einem Notfall als der „Normalbürger". Es empfiehlt sich aus vielerlei Hinsicht daher schon im Studium diese Probleme für sich zu lösen.

> **Wichtig**
> Wichtige Vertragsbestandteile für Mediziner:
> - Leichte und grobe Fahrlässigkeit
> - Übernahmeverschulden
> - Off Label Use
> - Sach, Personen, und Vermögensschäden
> - Erweiterter Strafrechtschutz

Zusätzlich zur beruflichen Haftung erhalten Sie darüber hinaus bei einigen Anbietern noch eine kostenfreie Privathaftpflicht dazu. Das ist sehr häufig so in Medizinertarifen. Im klinischen Abschnitt des Studiums besteht die Möglichkeit über bestimmte Rahmenverträge einen kostenfreien Schutz zu bekommen, solange Sie noch Student sind. Diese Angebote sind sehr gut und passgenau.

Warum ist das so? Als angehende Ärzte sind Sie **eine sehr begehrte Kundengruppe** insofern, als das in bestimmten Fachgruppen die Prämien später sehr hoch sein können (Gynäkologie, Orthopädie) Daher versuchen bestimmte Versicherer Sie schon früh im Studium zu binden. Diese Versicherungen werden in der Regel kaum von Anbieter zu Anbieter überprüft, sondern einfach umgestellt und den Gegebenheiten angepasst. Daher sind die Versicherer froh, eine frühe Bindung aufzubauen, da die Wahrscheinlichkeit relativ hoch ist, dann auch der Partner zu sein, wenn später höhere Prämien gezahlt werden müssen. Dennoch sollten Sie davon Gebrauch machen. **Es ist einfach gut und beruhigend einen eigenen Schutz zu haben.**

Kunden haben häufiger die Fragestellung bzw. die Vorstellung, dass man ja **über die Klinik abgesichert ist**. Dazu ein kleiner Exkurs.

Ja es kann gut sein, dass Sie umfassend über die Klinik abgesichert sind, hierfür müssen wir allerdings erst einmal in einer Anamnese herausfinden welcher **Rahmenvertrag** hinterlegt ist und in welchen Fällen dieser Rahmenvertrag dann auch leistet.

Rahmenverträge werden von sehr großen spezialisierten Maklerfirmen aufgesetzt. Diese sprechen oft direkt mit der Klinikleitung und definieren dann einen Mindestschutz für das Haus und die Angestellten. Danach gehen diese Unternehmen mit diesem „Pflichtenheft" an den Markt und Fragen bei verschiedenen Versicherern an wer die nachgefragten Leistungen eindecken kann. Diese Verhandlungen können dazu führen, dass die Versicherer untereinander ausgespielt werden und entsprechend mit den Leistungen in den Details der Verträge herunterfahren, um den nachgefragten Preis bieten zu können. Daher gleicht kein Rahmenvertrag dem anderen.

Häufig stellt sich dabei heraus, dass die Rahmenverträge nicht so umfassend und weitreichend sind, wie sie sein sollten. Das führt dann schon mal dazu, dass wegen der Umstellung des jungen Kollegen von Assistenzarzt auf Facharzt, die ganze Abteilung mitbekommt wie mangelhaft Verträge ausgestaltet sind und sich für einen eigenen privaten Schutz entscheidet. Es gibt allerdings auch sehr, sehr gute Rahmenverträge. Diese leisten sogar noch bis zum ärztlichen Restrisiko und Freundschaftsdiensten beim angestellten Mediziner.

Die Konsequenz daraus lautet: **Verlassen Sie sich bei einem so existenziellen Schutz nicht auf die Aussagen des Chefarztes oder von Kollegen, sondern geben Sie den bestehenden Rahmenvertrag an einen sachkundigen Berater und lassen Sie dir hinterlegten Bedingungen überprüfen.** Erst dann können Sie jeden Tag in der Klinik sicher sein, dass Sie nicht mit dem „berühmten Bein" im Gefängnis stehen.

In den **Praxen** dieser Welt sieht es da schon anders aus. Häufig sind die Verträge dort sehr gut gepflegt und auch gut im Umfang für die angehenden Fachärzte oder fertig angestellten Ärzte, weil zumindest der Gründer oder einer der Anteilseigener der Praxis einen Berater hat, der sich kümmert. Wichtig ist, dass man sich an dieser so wichtigen Stelle nicht auf die mündliche oder telefonische Aussage des Arbeitgebers verlassen kann. Daher nutzen Sie **einen professionellen Fragebogen** und fordern Sie einen **Stempel und eine Unterschrift des Arbeitgebers ein**. Denn nur so werden Sie im Falle einer Streitigkeit auch wirklich Rechtssicherheit haben, im Hinblick auf die Kenntnis oder Unkenntnis etwaiger Deckung – und Haftungslücken.

4.2 Rechtschutzversicherung

Eine gute Rechtschutzversicherung ist essenziell und manchmal auch existenziell wichtig. Die häufigsten Fälle, bei denen diese Versicherung eingesetzt wird, sind Streitigkeiten im **Straßenverkehr,** Streitigkeiten mit **dem Mieter und Vermieter** und Streitigkeiten mit **dem Arbeitgeber.** Es gibt allerdings auch Streitfälle, die von Rechtschutzversicherungen in 99 % der Fälle direkt ausgeschlossen werden. Das sind beispielsweise Streitigkeiten am Bau, also beim Bau eines Hauses, oder prozessuale Streitigkeiten im Bereich Erbe. Auch Scheidungskosten für den Rechtsanwalt können nur sehr schwer abgesichert werden. Witziger weise gibt es einen Tarif, der das tatsächlich absichert – allerdings mit 3 Jahren Wartezeit und einer sehr hohen Prämie.

> Ein guter Anwalt kennt das Gesetz, ein großartiger Anwalt kennt den Richter. Autor unbekannt.

Warum werden diese drei Bereich häufig ausgeschlossen? Das hat zwei wesentliche Gründe. Erstens kommt es in diesen Bereichen häufig zu Streitigkeiten und zweitens bemessen sich Anwaltshonorare sehr häufig am Streitwert, und in diesen drei genannten Fällen kommen relativ schnell hohe Summen zu Stande, was dann wiederum zu hohen Anwaltskosten führt, die ein Versicherer übernehmen müsste. Daher wird dieses Risiko nicht abgedeckt.

> **Wichtig**
> Wählen Sie eine Police die Ihre Familie komplett mitabsichert
> Wählen Sie eine kleine Selbstbeteiligung – damit sparen Sie im Lauf der Jahre
> Achten Sie auf die Klausel: Vorversicherung bei Aufnahme einer freiberuflichen Tätigkeit
> Suchen Sie sich einen Tarif mit einer „Anwaltshotline"

Die wenigsten Streitfälle bei Medizinern im Bereich Rechtschutz betreffen Auseinandersetzungen zwischen Arzt und Patient. Im Übrigen haben gute Berufshaftpflichtversicherungen **einen speziellen Strafrechtschutz** enthalten der im beruflichen Bereich zumindest rudimentär bei Rechtsstreitigkeiten absichert, sobald sich der Staatsanwalt einschaltet – auch ohne eigene Rechtschutzpolice.

Ein wichtiger Punkt bei angestellten Medizinern betrifft den sogenannten **Vorsorgeschutz bei Aufnahme einer freiberuflichen Tätigkeit.** Das klingt sperrig ist aber relativ einfach zu erklären. Wenn Sie angestellt in der Klinik sind und darüber nachdenken in die ambulante Versorgung zu wechseln, also vielleicht in eine Praxis einzusteigen oder eine Praxis zu kaufen, dann werden Sie ja nicht direkt Ihre Stelle kündigen, sondern werden weiter in der Klinik arbeiten, während Sie das Projekt Niederlassung vorantreiben. Allerdings werden Sie vielleicht schon Mietverträge oder Beraterverträge unterschreiben. Vielleicht führen Sie Verhandlungen mit der Bank oder mit Zulieferern. Oder Sie beauftragen einen Anwalt die bestehenden Praxisverträge zu prüfen. All das sind Rechtsgeschäfte die Sie in dem Augenblick bereits tätigen, wie ein Selbstständiger, obwohl Sie noch angestellt sind. Und wenn Sie jetzt eine Police haben, in der diese Vorsorge bei Aufnahme einer freiberuflichen Tätigkeit nicht mitabgesichert ist, dann wägen Sie sich in falscher Sicherheit was Ihren Schutz angeht. Daher sollte man als Arzt unbedingt auf diesen Punkt achten, bzw. etwaige bestehenden Tarife daraufhin einmal überprüfen lassen.

Viele Versicherer bieten Ihnen die Möglichkeit im Rahmen der Police **ein Anwaltstelefon** zu konsultieren. Sofern Sie also eine Fragestellung haben, undicht sicher sind, ob es sich um einen Fall für Ihre Rechtschutzversicherung handelt, können Sie dort kostenfrei anrufen. Man wird Sie zügig an einen Anwalt verbinden, mit dem Sie die Fragestellung besprechen können. So bekommen Sie eine Hilfestellung, bevor Sie beispielsweise unnötigerweise einen Anwalt konsultieren und dort eine Erstberatung bezahlen müssen. Zusätzlich empfiehlt es sich **eine kleine Selbstbeteiligung** in den Tarif einzubauen, weil dann die jährlichen Kosten geringer werden. Wenn man einen Schaden hat, kommt es dann auf 100–200 EUR Selbstbeteiligung nicht wirklich an. Die eingesparten Kosten bei der Prämie über die Laufzeit kompensieren eine etwaige Selbstbeteiligung mehr als genug.

Sobald Sie in die ambulante Versorgung wechseln möchten oder bereits niedergelassen sind, werden diese Policen deutlich komplexer und leider auch teurer. Für einen angestellten Assistenzarzt kostet eine passgenaue Rechtschutzversicherung mit Verkehrsrechtschutz und den angemerkten Punkten maximal 200–250 EUR im Jahr. Insofern ist das preislich sehr überschaubar. Bei größeren Praxen mit Tageskliniken oder vielen Behandlern, gehen die Prämien hier auch schon mal deutlich Richtung 10.000 EUR im Jahr.

4.3 Berufsunfähigkeitsschutz

Ich lege mich fest, dass ausnahmslos alle Versicherungsvermittler, die Sie treffen werden in Ihrem Berufsleben, die Berufsunfähigkeitsversicherung als **die wichtigste Versicherung**, die Sie machen können, beschreiben werden. Das hat vielschichtige Gründe. Aber der wichtigste Grund dafür ist: Es stimmt. Im Sinne des Versicherungsgedankens, dass man für die Dinge, die einem existenziell und nachhaltig treffen können einen Schutz benötigt, ist diese Absicherung tatsächlich **die wichtigste Absicherung die Sie treffen können.**

Es gibt grundsätzlich zwei Möglichkeiten wie Sie dieses Risiko für sich beherrschbar machen können. Eine reine Absicherung gegen den Fall der Fälle oder eine Kombination aus Versicherungslösung und Altersvorsorge. **Beide haben Vor- und Nachteile.** Aber zunächst einmal stellt sich die Frage über welches Risiko reden wir hier eigentlich? Also was ist Berufsunfähigkeit? Wir kommt Sie zustande? Auf was muss man bei solchen Policen im Hinblick auf den Beruf des Arztes achten?

Berufsunfähigkeit folgt der Arbeitsunfähigkeit. Salopp gesprochen sind wir als Arbeitnehmer, wenn wir mal aus gesundheitlichen Gründen nicht am Arbeitsplatz erscheinen, „krankgeschrieben". Für den Gesetzgeber bedeutet das aber nicht krank, sondern der Begriff dafür lautet „arbeitsunfähig" Für die aller meisten Arbeitnehmer ist es so, dass es kaum finanzielle Einbußen in dieser Zeit geben wird bis zum 43. Tag der Krankschreibung. Weil es inklusive des 42. Tages eine sogenannte Lohnfortzahlung im Krankheitsfall gibt. Danach zahlt nicht mehr der Arbeitgeber, sondern die Krankenversicherung. Sie können sich grob merken, dass die Höhe dieser Zahlung rund 80 % vom Netto betragen wird. (Wird berechnet nach SGB V)

Sollte dann in dieser Zeit der medizinische Dienst der Krankenversicherung bei Ihnen anrufen seien Sie auf der Hut. Hier wird erfragt werden, ob Sie perspektivisch innerhalb der nächsten 6 Monate wieder in der Lage sein werden in Ihren Beruf zurückzukehren. Sollte dem nicht so sein, dann ändert sich ihr rechtlicher Status im Hinblick auf die aktuellen Zahlungen. Sie sind dann nicht mehr arbeitsunfähig, sondern berufsunfähig und damit muss die Krankenversicherung keine Zahlungen mehr für Sie leisten.

Das bedeutet, es kann durchaus im Interesse der Kassen hier festzustellen, dass die Erkrankung vielleicht ein wenig langwieriger wird zumindest aus kurzfristiger ökonomischer Sicht. **Also werden die Zahlungen eingestellt, wenn davon ausgegangen wird, dass Sie innerhalb der nächsten 6 Monate nicht mehr in der Lage sein werden in Ihren Beruf zurückzukehren.** Das ist jetzt sehr pauschalisiert, ich habe Kunden die sehr positive Erfahrungen gemacht haben mit dem medizinischen Dienst der Krankenkasse, aber eben auch andere Fälle. Insofern möchte ich es hier bei dem Hinweis belassen ein solches Gespräch nicht auf die „leichte Schulter" zu nehmen.

Und jetzt stellt sich die Frage: Woher kommt das Geld? Sofern Sie weniger als 3 Stunden am Tag in der Lage sind Ihren Beruf als Arzt auszuüben erhalten Sie Zahlungen Ihres Versorgungswerkes. Allerdinge reden wir bei weniger als 3 Stunden am Tag eigentlich vom Bereich Pflegefall. Die Versorgungswerke haben für ältere Kollegen bis zu den Jahrgängen 1964/1965 noch relativ generöse Regelungen, falls ein Mitglied berufsunfähig wird. Sollten Sie einem jüngeren Jahrgang angehören dann nicht mehr. Das führt dazu, dass die meisten Versorgungswerke Ihren Mitgliedern empfehlen sich **privat um dieses wichtige Thema zu kümmern**. Bei manchen Versorgungswerken finden sich diese Hinweise sogar in den Satzungen wieder.

Also benötigen Sie privaten Schutz. Spätestens wenn Sie sich mit dem Thema Niederlassung beschäftigen möchten müssen Sie das Thema für sich lösen. Das wird dann allerdings schon eine Herausforderung, weil Sie zu diesem Zeitpunkt schon mindestens fünf Jahre FA Ausbildung hinter sich haben und damit die Wahrscheinlichkeit seigt, dass in Ihrer

Anamnese Punkte auftauchen, welche die Versicherer nicht gut finden werden. Damit wird die Absicherung teurer, lückenhaft oder unmöglich werden. Daher kümmern Sie sich bitte **so jung und gesund wie möglich um dieses absolut existenzielle Thema.**

Ich habe viel in der Krankheit gelernt, das ich niemals in meinem Leben hätte lernen können. Johann Wolfgang von Goethe.

Achten Sie darauf, dass der Anbieter einen Verzicht auf Abstrakte Verweisung in den Vertragsbedingungen vorsieht, ansonsten tendiert die Wahrscheinlichkeit gegen null, dass Sie im Fall eines Falles wirklich Geld bekommen. Außerdem sollte Ihre Absicherung einen garantierten Ausgleich gegen Inflation beinhalten und Möglichkeiten den Schutz zu erhöhen auch ohne erneute Gesundheitsprüfung. Und letzlich kann man durchaus darüber nachdenken das Produkt so zu gestalten, dass man es sogar steuerlich gefördert bekommt. Mandanten, die das Thema ernst nehmen und erkannt haben, wie wichtig es ist haben häufig eine Kombination aus mehreren Produkten in diesem Bereich. Also sowohl Bausteine mit Altersvorsorge wie auch Bausteine ohne Altersvorsorge.

Meine persönliche Erfahrung als Berater zeigt, dass Mandanten, die von sich aus anrufen und den Schutz erhöhen möchten oder sich nach Jahren darum kümmern wollen obwohl es immer angesprochen wurde in Beratungsterminen entweder eine ungünstige Diagnose erhalten haben oder etwas im Freundes – und Bekanntenkreis passiert ist. Das sind dann keine sehr angenehmen Gespräche. Denn einer der schlimmsten Sätze die ein Finanzberater aussprechen kann, aber niemals sollte lautet: „Ich habe es Ihnen ja gesagt."

Die **häufigsten Ursachen** sind dabei nicht, wie oft angenommen, Unfälle, sondern es sind **psychische Erkrankungen, Krebs, Herz – Kreislauf und Erkrankungen des Bewegungsapparates** (Insbesondere Rücken: Stichwort LWS) Meine Mandanten, die eine Rente aus der Absicherung beantragt haben, weil gesundheitlich etwas vorgefallen war, **haben alle Ihre Leistungen erhalten.** Was ich Ihnen und mir nur wünschen kann ist, dass wir am Ende unseres Erwerbslebens denken: „Die BU – Absicherung hat mich relativ viel Geld gekostet dafür, dass ich Sie nicht in Anspruch genommen habe." Also bitte kümmern Sie sich.

4.4 Krankenversicherung

In keinem Bereich von Versicherungslösungen besteht so viel gefährliches Halbwissen bei Ärzten und Zahnärzten wie im Bereich der Krankenversicherung. Das erschließt sich aus dem Berufsbild. Sie haben tagtäglich in diesem System zu tun. **Sie sind einer der wesentlichen Leistungserbringer in diesem System** und dennoch verstehen viele von Ihnen die Besonderheiten Ihres Standes innerhalb des Systems nur ungenügend und auf gefährliche unzureichend und wenig systematisch. Darum sollten wir das Thema, um mit Marx zu sprechen, vom Kopf auf die Beine stellen und die relevante systemimmanente Logik einmal rational und wertneutral reflektieren.

Ärzte zahlen durch das hohe Einkommen sehr schnell den Höchstsatz in der gesetzlichen Krankenversicherung. Tab. 4.1 zeigt, wie sich dieser Höchstbeitrag in den letzten 20 Jahren entwickelt hat.

Tab. 4.1 Entwicklung der GKV Beiträge historisch

Jahr	Höchstbeitrag (KV+PPV)	Beitragsbemessungsgrenze
2021	928,80 EUR	58.050 EUR
2020	890,63 EUR	56.250 EUR
2019	853,05 EUR	54.450 EUR
2018	814,20 EUR	53.100 EUR
2017	804,75 EUR	52.200 EUR
2016	775,46 EUR	50.850 EUR
2015	746,63 EUR	49.500 EUR
2014	720.90 EUR	48.600 EUR
2013	700,88 EUR	47.250 EUR
2012	677,03 EUR	45.900 EUR
2011	657,11 EUR	44.550 EUR
2010	641,25 EUR	45.000 EUR
2009	650,48 EUR	44.100 EUR
2008	606,60 EUR	43.300 EUR
2007	596,72 EUR	42.750 EUR
2006	575,34 EUR	42.750 EUR
2005	569,29 EUR	42.300 EUR
2004	554,51 EUR	41.850 EUR
2003	552,00 EUR	41.400 EUR
2002	529,88 EUR	40.500 EUR

Quelle: GDV Jahreszahlen und Destatis

"Schuld" an der permanenten Steigerung ist die Verbesserung der medizinischen Qualität und der demographische Wandel in Deutschland. Das gesetzliche System ist nur noch durch immense staatliche Zuschüsse, die Kürzung von Leistungen, oder einer erheblichen Steigerung der Beiträge zu finanzieren.

Wenn Sie sich also aus irrationalen Gründen dazu entscheiden, sollten im gesetzlichen System zu verbleiben, muss Ihnen bewusst sein, dass dies rein ökonomisch und rational eine schlechte Entscheidung ist.

Die häufigsten Argumente von Ärzten für den Verbleib in diesem System werden in der Folge kurz beschrieben, ggf. finden Sie sich darin wieder.

"Ich bin ja Kollege und werde anders behandelt, wenn ich etwas brauche."
Ja das mag sein. Aber nur so lange wie Sie in einem Alter sind, indem Ihre Kollegen noch tätig sind. Dann wenn viele Leistungen abgerufen werden, nämlich im Alter, werden auch Sie weniger und weniger praktizierende Kollegen kennen und haben. Zusätzlich sollten Sie dabei bedenken, dass es fair wäre, dass ein Kollege, der Sie gut behandelt auch gut dafür bezahlt wird. Und gute Bezahlung entspricht hier einer privatärztlichen Liquidation und nicht der GKV Ziffer.

"Ich finde die „zwei Klassen" Medizin ungerecht und möchte das nicht unterstützen"
Das ist ein Argument, dass mir sehr häufig begegnet ist in meinem Alltag als Berater. Und die Argumentation spricht für die Gruppe der Mediziner. In Deutschland haben wir eine zwei Klassen Medizin. Und in vielen Fällen werden bei Privatpatienten Sachen gemacht, die nicht immer notwendig sind. Aber umgekehrt werden bei GKV Patienten manchmal auch nicht alle möglichen Dinge gemacht. Wir haben ein sehr gutes Gesundheitssystem um das uns viele Länder der Welt beneiden. Aber Fakt ist: Ein Privatpatient wird in der Regel anders behandelt werden als ein Kassenpatient. Übrigens ist das System der GKV nicht solidarisch. Weder das Kinder dort beitragsfrei mitversichert sind ist solidarisch noch,

dass es eine Beitragsbemessungsgrenze gibt. Wäre das System solidarisch müssten Kinder auch Beiträge entrichten und es gäbe keine Höchstgrenze für die Beitragsbemessung. Dies ist aber nicht der Fall. Würde es die private Krankenversicherung nicht geben wäre das Gesamtsystem unterfinanziert. Weder Krankenhäuser, noch Arztpraxen könnten gewinnbringend arbeiten. Die Leistungen aus der PKV und neuen Therapieansätze, die zuerst bei Privatpatienten ankommen sind außerdem ein erheblicher Innovationstreiber in beiden Systemen.

"Ich möchte Familie und die private Krankenversicherung wird mit vielen Kindern zu teuer."
Kinder kosten Geld. Sofern Sie als Arzt freiwillig gesetzlich krankenversichert sind, zahlen die Kinder keine eigenen Beiträge. Dennoch zahlen Sie den Höchstsatz. Würden Sie in der PKV für sich und das erste Kind einen Tarif abschließen, wären die Beiträge monatliche äquivalent zu denen in der GKV, bei besseren Leistungen. Und Sie sparen sich die Zuzahlungen bei KFO, Orthopädie, etc. Bei vielen Kindern wird die monatliche Prämie in der Privatversicherung höher sein als in der gesetzlichen Versicherung, aber betrachtet man die Gesamtsituation unter dem Aspekt, dass ein Posten gebildet wird: „Ausgaben für Gesundheit und Vorsorge", dann wird es so sein, dass Sie über das Jahr weniger dafür ausgeben, wenn Sie Ihre Kinder und sich privat versichern.

Das Argument, welches am wenigsten zutrifft und dennoch am häufigsten genannt wird ist das folgende: **„Die Beiträge im Alter sind nicht mehr zu bezahlen".** Unabhängig wie man zu beiden Systemen eingestellt ist und unabhängig davon, ob man eine moralische Präferenz hat bezüglich eines der beiden Systeme ist dies Aussage faktisch falsch. Stellen Sie sich die Frage was passiert, wenn ich morgen in Rente gehe mit meinen Krankenversicherungsbeiträgen? Die Antwort möchte ich stark vereinfacht und grundlegend richtig in den folgenden Zeilen beschreiben. Lesen Sie das bitte aufmerksam und ggf. mehr als einmal.
Bei gesetzlich Versicherten Mitgliedern der Deutschen Rentenversicherung Bund übernimmt die KVdR. (Krankenversicherung der Rent-

ner) den Anteil des Arbeitgebers. Verbeitragt – also den Beiträgen unterworfen (7,3 % stand 2021) werden dabei ausschließlich DRV Renten und BAV Renten. Also wenn der Rentner in diesem Fall monatlich Mieteinnahmen von 1000 EUR hätte – so werden diese 1000 EUR nicht den Sozialversicherungsbeiträgen unterworfen.

Jetzt zu Ihnen. **Ärzte sind keine Mitglieder in der DRV, sondern Mitglieder in einem Versorgungswerk.** Also haben freiwillig gesetzlich Versicherte Ärzte keinen Anspruch auf Zuschuss der KVdR. Ärzte zahlen also nicht 7,3 %, sondern 14,6 %. Und Sie zahlen das Doppelte auf eine höhere Rente, weil die Anwartschaften in den Versorgungswerken höher sind als die in der DRV Bund. Und das sogenannte Welteinkommen wird herangezogen. Also auch auf Einnahmen aus Miete und Verpachtung, Kapitalerträge etc. Kurzgefasst: **Als freiwillig gesetzlich versicherter Arzt, zahlen Sie im Vergleich zu einem normalen Angestellten: Das Doppelte auf Alles.**

„Ein Land, das ein ausgezeichnetes Gesundheitssystem in Zukunft erhalten will, wird bereit sein müssen, mehr Geld für eine gute medizinische Versorgung zu investieren. Ich will keinesfalls eine Zwei-Klassen-Medizin. Die Politik muss bereit sein, den Menschen zu sagen, dass dafür ein fairer Preis bezahlt werden muss." Angela Merkel.

Das Thema Krankenversicherungsmanagement ist ein finanzielles Thema, dass meine Mandanten und mich stetig und immer wieder begleitet. Lebensumstände ändern sich. Planungen ändern sich. Dann müssen auch die getroffenen Lösungen und Entscheidungen im Hinblick auf die Krankenversicherung hinterfragt und angepasst werden. Es ist die Absicherung, die uns Stand heute, bis ins Grab begleiten wird. **Drum prüfe wer sich ewig bindet.** Wenn Sie sich niederlassen müssen Zeiten angepasst werden für die Leistungserbringung des Krankentagegeldes. Wenn Ihre Verbindlichkeiten steigen müssen Summen angepasst werden damit die Absicherung adäquat bleibt. Sollten Sie einmal einen Überschuss an freier Liquidität haben können wir diesen nutzen, um die Beiträge im Alter auf ein Minimum zu reduzieren. Kinder müssen versichert werden. Auch deren Tarife sollten regelmäßig überprüft und angepasst werden. Und so ist es bei diesem extrem wichtigen und sensiblen Thema so, dass die optimale Lösung keine dauerhafte Lösung sein kann, sondern immer wieder im Verlauf der Mandantenbeziehung überprüft und angepasst werden wird.

Korrespondierend mit dem Thema Krankenversicherung ist das **Thema Absicherung im Pflegefall**. Es ist hier kein eigenes Kapitel. Wenn Sie das Thema Krankenversicherung strategisch und strukturiert besprechen mit einem Berater, dann lösen Sie bitte direkt und unmittelbar das Thema Pflege. Besprechen Sie welch Optionen es gibt und überlegen Sie was Ihnen dabei wichtig ist. Und dann wechseln Sie die Rolle. Mit dem Impuls aus dem Beratungstermin fragen Sie dann bitte Ihre Eltern und Schwiegereltern wie die das Thema für sich gelöst haben. Und falls das nicht ausreichenden oder gar nicht gelöst wurde vereinbaren Sie einen Termin für die Elterngeneration bei Ihrem Berater. Das Thema ist zu existenziell wichtig. Und es lässt sich in frühen Jahren sehr schnell und einfach so vorbereiten, dass man später alle Optionen haben kann, wenn es darauf ankommt.

4.5 Unfallversicherungen

> Für den Versicherer ist ein Unfall ein: „unerwartet von außen auftretendes Ereignis das zu einer Schädigung führt".

Nach dem Verständnis der Versicherer sind Unfälle klar definiert. Was wäre, allerdings wenn Sie oder Ihre Kinder beispielsweise von einer Zecke gebissen werden und in der Folge an Borreliose erkranken? Was passiert, wenn Sie sich bei Sport das Kreuzband reißen oder wenn Sie einfach unachtsam waren und aus Versehen vom Bürgerstein abgetreten sind und sich die Bänder im Fuß verletzen? Treffen bei diesen Vorfällen alle Attribute zu? Nein eher nicht. Und trotzdem wird der Versicherer die Schäden in diesen Fällen regulieren, sofern Sie einen guten Tarif gewählt haben. Stichworte hier sind Insektenbisse, Sportverletzungen und Eigenbewegungen. Diese Attribute sollten Sie in Ihren Tarifen stehen

haben. Auch und insbesondere dann, wenn Sie Kinder haben. Die genannten Kriterien gelten für Mediziner und Nicht Mediziner. Im Folgenden nun die besonderen Herausforderungen für die Absicherung von Medizinern,
Wichtige Aspekte für Ärzte:
Gliedertaxe
Progression
Eindeutiger Umgang mit Stichverletzungen

Das Thema Unfallversicherung ist ein wenig Makaber. Denn Der Versicherer hängt an verschiedene Teile Ihres Körpers verschiedene „Preisschilder". Das bedeutet übersetzt – für den Versicherer führt es in der Gesamtbetrachtung zu einem geringeren Schaden, wenn Sie ein Auge verlieren, als wenn Sie beispielsweis einen Unterarm verlieren. Das ist in der Regel ein sehr subjektives Thema was einem persönlich wichtiger ist- Aber hier klärt der Versicherer den „Preis". Gerade in den chirurgischen Fächern sind die Hände bei Medizinern sehr wichtig zur Ausübung des Berufes. Aber auch die Fähigkeit den Patienten auskultieren zu können also die Fähigkeit zu hören. Bei Zahnärzten spielt neben den Händen und den Augen noch der rechte oder linke Unterschenkel eine wichtige Rolle, weil damit der Stuhl bedient wird. Der Preis für eine solche Absicherung bemisst sich an der Höhe der Leistungen bei einer 100 % Invalidität. Also beispielsweise bekommt man, wenn man gemäß den Vorgaben der Versicherung 100 % Invalide ist, 100.000 EUR. Ist man nur 50 % Invalide dann nur 50.000 EUR und so fortgesetzt in 5 % Schritten. Es ist klug als Mediziner für bestimmte Teile des Körpers eine sogenannte Gliedertaxe zu vereinbaren. Dann werden die für die Berufsausübung wichtigen Körperteile vom Versicherer direkt höher gepreist im Hinblick auf eine mögliche Invalidität. Und wenn man es richtig klug machen möchte, dann versieht man den Vertrag mit einer sogenannten Progression. Beispielsweise in Höhe von 400 % Das hat dann zur Folge, dass Sie bei einer 100 % digen Invalidität nicht 100.000 EUR, sondern 400.000 EUR bekommen würden und das kombiniert mit einer medizinerspezifischen Gliedertaxe.

Die Unfallversicherung sollte nicht kombiniert werden mit BU Absicherungen oder Renten oder Krankenhaustagegeldern. Es dient der Kostendeckung für etwaige Investitionen und Umorganisationen in Ihrem Leben nach einem Unfall. Die laufenden Zahlungen, falls es nicht mehr möglich sein sollte zu arbeiten, erledigt eine private Berufsunfähigkeitsabsicherung und Krankentagegeld etc. das regelt man direkt über ein kluges und maßgefertigtes Krankenversicherungsmanagement. Die Unfallversicherung ist ein wichtiger Bestandteil des Absicherungsportfolios. **Der Tarif sollte so schlank und smart wie nur möglich gewählt werden.**

4.6 Hausrat

Hausratpolicen können auf zwei Arten abgeschlossen werden. Entweder man ermittelt über einen Fragebogen den Wert des gesamten Hausrates und sichert diese Summe ab oder man wählt einen Quadratmetertarif und vereinbart einen Unterversicherungsverzicht. Beide Formen haben Vor – und Nachteile.

Was genau fällt eigentlich Alles unter den Begriff Hausrat? Grundsätzlich kann man sich das mit folgendem Bild illustrieren: Nehmen Sie Ihre Wohnung oder Ihr Haus in die Hand und schütteln Sie mehrmals kräftig. Alle beweglichen Teile, die umher fliegen sind Hausrat, alle festen Teile sind eher der Wohngebäudeversicherung zuzuordnen. Das ist hin und wieder gar nicht so trivial, wenn sich die Versicherer untereinander streiten welcher Police der Schaden nunmehr zuzuordnen ist. Ist der Parkettfußboden beispielsweise lose verlegt, ohne verklebt zu sein, der Fachmann spricht hier von schwimmend, dann wäre ein Schaden der Hausrat zu melden – ist der Boden fest verklebt, dann wäre der Schaden der Wohngebäudeversicherung zu melden.

Die Hausratversicherung gehört zu der Form von Produkten, bei denen man sich besser den hochwertigen Schutz einkauft als an der falschen Stelle zu sparen. Die Abweichung der Prämien zwischen „Standardlösungen" und sehr guten Lösungen ist gering. Wenn es dann zu einem

Schaden kommt, ärgern sich die Kunden, wenn der Versicherer sich auf Ausnahmen und Klauseln beruft. Daher lautet hier die Empfehlung **einen möglichst hohen Schutz abzuschließen und die Sicherheit zu haben, dass auch geleistet wird, wenn etwas passiert.** Wichtige Bestandteile sind Klauseln für die Außendeckung und oder Fahrradklauseln. Mit **Außendeckung** ist der Schutz gemeint, welchen bspw. die Wertgegenstände haben, wenn Sie im Urlaub etwas aus dem Hotelzimmer oder einem Ferienhaus gestohlen bekommen. Oder wenn der Mietwagen aufgebrochen wird. Aber auch sie Arzttasche beim Hausbesuch könnte darüber abgesichert werden anstatt direkt über die Praxis.

Außerdem gibt es im Bereich der Fahrräder durch den Boom der Elektrofahrräder signifikante Vermögenswerte, die verloren gehen können, wenn eines der Räder gestohlen wird. Gute Tarife verzichten darauf hier nächtliche Einschränkungen zu machen. Also wenn Sie mit dem E – Bike an die Uniklinik zum Dienst fahren und das Rad über Nacht gestohlen wird, dann kann es nicht sein, dass die Versicherung nicht leistet, weil einen solche **Nachtklause**l besteht. (Das würde bedeuten zwischen 22:00 und 06:00 Uhr leistet der Versicherer beispielsweise nicht bei Diebstahl außer Haus)

Gute Tarife haben zusätzlich gewisse Pauschalbeträge für Wertgegenstände, Bargeld und Schmuck. Diese sollten Sie in den Verträgen stehen haben, um bei Verlust durch Einbruch und Diebstahl auch wirklich entschädigt zu werden. Besonders teure Gegenstände (Instrumente oder Kunst) müssen oberhalb gewisser Grenzen (auf Anfrage so ab 10.000 EUR) gesondert abgesichert werden. Einer unserer Mandanten hat seine Rolex Uhr im Meer verloren. Die Versicherung hat geleistet.

Dazu ein letzter wichtiger Aspekt. Die Gegenstände können zum Wert der Wiederbeschaffung (Zeitwert) oder zum Neuwert abgesichert sein. Wenn es sich also um einen wertvollen Sammlergegenstand handelt, wäre der Wiederbeschaffungswert die bessere Wahl. Wenn es sich um einen Gegenstand handelt, der an Wert verliert (beispielsweise ein Notebook) dann wäre der Neuwert die bessere Alternative. So trivial das Thema scheint. Wenn hier etwas passiert und eine Versicherung nicht leistet, ist der Ärger groß. Daher sollte man sich für einen adäquaten Schutz entscheiden, der auch dem Niveau des Hausrates entspricht.

Arztkoffer und Arzttasche werden bei niedergelassenen Medizinern über die Praxis abgesichert. Sollten Sie als angestellter Arzt Notarztdienste fahren empfiehlt es sich kurz bei den Versicherern anzufragen wie ein Verlust von persönlichen Gegenständen während der Dienstzeit zu bewerten sein wird. Sofern Sie als Notarzt die Nächte auf einer Rettungswache verbringen, greift hier in der Regel die Außenversicherung, die Sie im Hausrat eingeschlossen haben.

Hausratpolicen sind Produkte, die oft jahrelang nicht gepflegt werden und einfach im Versicherungsportfolio vor sich hindümpeln. Das ist nicht smart. In Wohnungen und Häusern befinden sich immer mehr teure Geräte und Gegenstände und wenn etwas passiert und nicht geleistet wird, dann hinterlässt das ein unzufriedenes und schlechtes Gefühl beim Mandanten. Daher sollten auch solche Policen regelmäßig auf die Aktualität hin überprüft werden und im besten Fall ein Anbieter ausgesucht werden, der von sich aus immer den bestmöglichen Schutz am Markt bietet. Das verursacht beim Kunden und beim Berater weniger Aufwand und bietet die Sicherheit, dass Schutz im Schadenfall besteht.

4.7 Wohngebäudeversicherung

Im Verlauf der Arbeit an diesem Buch gab es in Deutschland die schrecklichen Bilder von Fluten und Überschwemmungen durch Starkregen zu sehen. Ich selbst wohne in Rheinland-Pfalz. Einem der Bundesländer welches sehr stark von diesen Ereignissen betroffen war. Die Bilder und die Folgen waren und sind verheerend. Einige Politiker haben sich aufgrund dieser Bilder zu Aussagen hinreißen lassen, dass eine Absicherung gegen Elementarschäden eine Pflichtabsicherung sein sollte. Bedingt durch die Folgen des Klimawandels werden Starkregenereignisse zukünftig zur Regel werden. Zu diesem Ergebnis kommen auch aktuelle Studien des Deutschen Wetterdienstes.

Grundsätzlich gibt es hier keine spezifischen Klauseln für Mediziner. Aber viele Ärzte entscheiden sich im Verlauf Ihres Lebens dazu eine eigene Immobilie zu erwerben und zu besitzen. Und viele Ärzte besitzen zusätzlich vermietete Immobilien als Kapitalanlagen. **Diese gilt es daher zu schützen.**

Aus den genannten Gründen und weil Schäden an Häusern direkt zu großen Summen führen, sollte auch hier nicht gespart werden. Die klare Empfehlung ist eine Allgefahrendeckung die außer einem kriegerischen Ereignis und einen atomaren Fallout so ziemlich alle (Allgefahren) denkbaren Schäden abdeckt und absichert. Die Absicherung gegen Allgefahren (also alle Gefahren) ist aus zwei Gründen sehr sinnvoll. Auf der einen Seite ist das Thema Wohngebäude sehr komplex. Hier gibt es Definitionen im Schadensfall von zu und ableitenden Rohren, von Haustechnik, Photovoltaik, Entfernung der Rohre zum Kanal, Hausautomation, Heizung, angebaute Gebäude, zugehörige Gebäude, Glasfronten oder Glasflächen, Oberflächenwasser oder Elementar, etc., etc. Die Liste ist nicht komplett. Daher folgt die klare Empfehlung. Wenn Sie es machen, machen Sie es richtig. Reduzieren Sie die Komplexität und leisten sich eine Allgefahrendeckung. Und der zweite Grund: Die Investitionen in Immobilien stellen einen erheblichen Posten in Ihrer Vermögensbilanz dar. Diesen gilt es einfach zu schützen.

Durch die Höhe der Selbstbeteiligung kann man hier die jährliche Prämie erheblich verringern. Aber im Kern lautet die Botschaft: **Entscheiden Sie sich für den hochwertigen Schutz, dann fühlen Sie sich sicher.**

4.8 Risikolebensversicherung

Die wenigsten Menschen beschäftigen sich gerne mit den Folgen des vorzeitigen Ablebens. Und die wenigsten Mandanten sind darauf vorbereitet. In ökonomischer Hinsicht, testamentarisch und natürlich auch emotional.

Wenn man sich mit dem Thema Risikolebensversicherung beschäftigt, dann hat das einen Grund. Häufig spielen hier Themen wie Familienplanung, die eigene Immobilie, oder eine Niederlassung eine Rolle. Wenn Sie sich schon damit beschäftigen dann gehen Sie einen Schritt weiter und erledigen auch bitte die Themen: **Patientenverfügung, Betreuungsvollmacht, Testament,** etc.

Die Faustformel für eine hinreichende Absicherung in ökonomischer Hinsicht lautet, dass man **2 Jahresgehälter plus die bestehenden Verbindlichkeiten durch eine Versicherung absichern muss.** Wenn der Arzt also in der Praxis einen Gewinn nach Steuern von 150.000 erwirtschaftet und die Privatimmobilie noch bei 250.000 EUR Darlehen steht, dann ist hier eine Summe von 550.000 EUR die passende Höhe.

Damit bewegen Sie sich als Arzt in Summenhöhen die die Versicherer nicht einfach so „durchwinken". Es werden Gesundheitsdaten erhoben und ab 500.000 EUR möchten bestimmte Versicherer auch erweiterte Untersuchungen wie beispielsweise Blutbilder von Ihnen sehen. Bei manchen Anbietern sind auch höhere Summen ohne ausführliche ärztliche Untersuchung möglich. Aber die Größenordnung von 500.000 EUR bietet eine gute Orientierung. Im Verlauf von Hausfinanzierung oder Praxisübernahmen und Gründungen, verlangen die Banken, die diese Vorhaben finanzieren häufig den Nachweis einer solchen Absicherung. Damit baut sich die Bank eine weitere Sicherheit in die Finanzierung ein.

Man kann als versicherte Person eine **konstante Todesfallsumme** wählen oder **eine fallende Todesfallsumme** – beim fallenden Konzept gibt es dann noch die Auswahl zwischen linear fallend und degressiv fallend. Durch „fallende Konzepte" können Sie einen Teil der Absicherung an sinkende Verbindlichkeiten anpassen. Der Versicherer verlangt dann für diese Konzepte deutlich weniger Prämie.

Sofern sich beide Partner gegenseitig absichern wollen, sollte dies „über Kreuz" passieren. Also jeweils die versicherte Person und der Versicherungsnehmer jeweils der Partner sein. **Das kann im Leistungsfall zu erheblichen steuerlichen Vorteilen führen.** Allerdings muss hier auf Details geachtet werden, wie die passenden Bankverbindungen, von denen die Prämien dann bezahlt werden. Diese Details wird ein versierter Berater vor Aussprache einer Absicherungsempfehlung dann mit Ihnen durchgehen und umsetzen.

Spätestens bei Gründung einer Familie empfiehlt es sich das Thema auf privater Ebene zumindest einmal besprochen zu haben mit dem Partner oder der Partnerin und daraufhin eine reflektierte Entscheidung zu treffen. Das sind teilweise unangenehme Gespräche, weil es auch um das Vermögen, bzw. Vermögenswerte der Elterngeneration gehen kann. Oder um Ansprüche von früheren Ehepartnern oder Kindern aus anderen Beziehungen. Wenn Sie merken, dass dem so ist, und Sie solch ein Gespräch gerne professionell moderiert haben wollen, dann sprechen Sie Ihren Berater an. Es hilft enorm einen Dritten mit am Tisch sitzen zu haben der moderiert, reflektiert, zusammenfasst und nachfragt wie bestimmte Aussagen im Hinblick auf die Fragestellung zu verstehen sind.

5

Ärztliche Versorgungswerke in Deutschland

Ärzte organisieren den Pflichtteil Ihrer Altersvorsorge über **ärztliche Versorgungswerke**. Also zahlen Mediziner im Verlauf des Berufslebens nicht in die gesetzliche Rentenversicherung oder auch DRV Bund genannt ein. Es ist immer wieder Bestandteil der politischen Agenda, dass bestimmte Parteien fordern, dass die freien Berufe auch in die DRV Bund einzahlen sollen und nicht in eigene Versorgungswerke. (Notare, Rechtsanwälte, Tierärzte, Steuerberater, Zahnmediziner und Architekten zahlen ebenfalls in Versorgungswerke ein)

Der Grund ist einleuchtend. Die genannten Gruppen gehören zu den Berufen die mehr Einkommen generieren. Also die Gruppe der „Besserverdiener". Daher wird immer wieder über moralische Aspekte argumentiert, dass es nicht sein kann, im Sinne einer Solidargemeinschaft, dass gerade diese Gruppe Ihre Altersvorsorge anders organisiert als der Rest der Bevölkerung. Zusätzlich ist es so, dass die Anwartschaften auf Renten, die aus den Versorgungswerken generiert werden, schon **deutlich über denen der Mitglieder der DRV Bund liegen**. Innerhalb der 89 Versorgungswerke, die es in Deutschland gibt, wird die Altersvorsorge von rund 950.000 Mitgliedern organisiert. Ärzte sind dabei mit Abstand die größte Gruppe der Einzahler und stellen rund die Hälfte der Mitglieder. Die durchschnittlichen Renten der Mitglieder liegen deutlich über denen der DRV Bund.

Das liegt insbesondere an dem Finanzierungsverfahren der Versorgungswerke. Hier gibt es zwei Durchführungswege, wobei das **„offene Deckungsplanverfahren"** der Weg ist, der deutlich häufiger vorkommt als das **„modifizierte Anwartschaftsdeckungsverfahren"**. Der größte Vorteil dabei ist, dass ein **Kapitalstock** gebildet wird. Der Kapitalstock der Versorgungswerke, bzw. die Zinserträge daraus reichen aktuell aus, um die steigende Lebenserwartung der Mitglieder komplett auszugleichen.

Die Kapitalanlagen sind sehr langfristig orientiert, so dass die Wirtschafts – und Finanzkrise 2008/2009 kaum negative Folgen für die Versorgungseinrichtungen hatte. Die aktuelle Niedrigzinspolitik kann allerdings dazu führen, dass in Zukunft weniger Dynamiken in der Auszahlung zu erwarten sind als dies bisher der Fall war. Versorgungswerke sind in der Durchführung und in den zu erwartenden Renten deutlich besser als das Rentensystem der DRV, die über eine Umlageverfahren arbeitet also ohne Kapitalstock. **Trotz der erheblichen Vorteile der Versorgungswerke gegenüber der DRV Bund werden Ärzte trotzdem in erheblichem Maß privat Vorsorge treffen müssen um im Alter den Lebensstandard halten zu können.**

Bis zu gewissen Grenzen ist es absolut sinnvoll in das ärztliche Versorgungswerk einzuzahlen. Ab einem bestimmten Zeitpunkt (Kombination aus Einzahlungen und Dauer der Einzahlungen) kann es allerdings zum Sachverhalt kommen, dass überproportionale und freiwillige Zuzahlungen nicht im gleichen Verhältnis zu einer Erhöhung der Anwartschaften einer etwaigen Rente führen. Es stellt sich ein **Grenznutzen** ein. Daher gilt es auch hier genau zu überprüfen wie sich Zuzahlungen ins Versorgungswerk auf die persönliche finanzielle Situation aktuell und auch zukünftig auswirken werden. Das ist auch davon abhängig, in welchem Bundesland der Kunde sich befindet, da die **unterschiedlichen Versorgungswerke auch teils stark differierende Satzungen** aufweisen. Wer sich hier nicht mit Medizinern und Versorgungswerken rudimentär auskennt – sollte keine Mediziner dahingehend beraten. Wenn man sich allerdings als Berater näher mit diesen Themen beschäftigt, baut man eine sehr exklusive und wichtige Expertise für die Kunden auf.

Modelle, in denen die Rente vorgezogen wird und die freiwerdende Liquidität anderweitig verwendet wird, können für die Kunden ab dem 59. Lebensjahr teils rentabel sein. Allerdings benötigt man wie bereits erwähnt entsprechende Fachkenntnis und **die Fähigkeiten den individuellen Fall exakt abzubilden und zu berechnen.** Eine pauschale Aussage für oder gegen die Modelle der vorgezogenen Versorgungswerksrenten kann also nicht getroffen werden. Die Zahlungen ins Versorgungswerk und auch die daraus zu erwartenden Renten sind ein wichtiger Bestandteil einer umfassenden strategischen Finanzplanung. **Entgegen der Ansicht vieler Ärzte gibt es hier Gestaltungsmöglichkeiten,** insofern ist dieses System zwar nicht so flexibel wie die privaten Bausteine zur Altersvorsorge, aber integraler Bestandteil einer zu berechnenden Grundversorgung im Alter.

6

Vermögensaufbau für Mediziner

Die Zukunft ist niemals klar. Schon für ein bisschen Gewissheit muss man einen hohen Preis zahlen. Unsicherheit ist deshalb der Freund von Langfrist-Investoren. (Warren Buffet)

Vermögensaufbau ist ein sehr großes Wort und ein durchaus abstrakter Begriff. Zunächst einmal kann man mit Geld nur drei Dinge machen. Man kann es ausgeben, anlegen, oder liegen lassen. Sofern man das ganze Geld ausgibt stellt sich weder die Frage des liegen lassen noch eine Bewertung von anlegen. Ist es klug das Geld komplett auszugeben? Nein. Ist es klug bei 0 % Zinsen und 3 % Inflation das Geld liegen zu lassen? Auch nein, aber es kann sein, dass man den Preis zahlen möchte um sich dafür den Vorteil der Liquidität zu sichern.

Mediziner haben eine höhere Lebenserwartung als die Durchschnittsbevölkerung. Und selbst die etwas höheren Rentenanwartschaften aus den Versorgungswerken reichen nicht aus auch nur annähernd den Lebensstandard zu halten wie in der Erwerbsphase. Daher müssen auch Mediziner in irgendeiner Form das Geld für sich arbeiten lassen, anstatt umgekehrt. Also das Geld so anlegen, dass eine Rendite (ein Zuwachs) oberhalb der Inflation[1] und Abgeltungssteuer erfolgt. Wird das Geld so investiert, dass es genau die Renditen erwirtschaftet, die nach Steuer und Inflation abgehen, so spricht man von **Vermögenserhalt**. Wenn es weniger wird, spricht man professionell von **Vermögensverzehr,** und bei einem Zuwachs spricht man von **Vermögensaufbau**. Wir sprechen hier von einem **strategischen**[2] **Vermögensaufbau**.

Das bedeutet gemeinsam mit einem Berater sollten Sie in einem Gespräch herausarbeiten welche ökonomischen Ziele und Wünsche Sie in den kommenden Jahren realisieren möchten oder müssen. Danach erfolgt eine Aufklärung über die grundsätzlichen **Wirkmechanismen von Kapitalmärkten**. Dann sollten die verschiedenen Assetklassen mit dem jeweiligen Vor – und Nachteilen besprochen werden. Auch die Risiken müssen zwingend erläutert und bewertet werden. Also welche Risiken sind vielleicht sogar gewünscht und welche Risiken sind für die strategischen Abwägungen in Zukunft inakzeptabel?

So werden Sie als Kunde aktiv mitgenommen in den Auswahlprozess und Ihre eigene strategische Vermögensplanung. **Und letztlich ist eine konkrete Produktempfehlung und Aufteilung der Sparpläne oder Einmalanlagen dann nur noch die logische und konsequente Folge einer passenden und ergebnisoffenen Aufklärung und Beratung.**

Für den versierten Berater hat diese Form des Vorgehens den Nachteil, dass es relativ aufwendig und zeitintensiv ist. Außerdem laufen solche

---

[1] Historisch gesehen kann man in Deutschland seit dem Ende des 2. Weltkrieges und der Einführung der D – Mark und dann später des Euro von einer Inflationsrate ausgehen die bei 2, 3 % liegt. Allerdings liegt das sehr spezifisch daran wie der Warenkorb zusammengesetzt ist der für die Inflationsberechnung herangezogen wird. Erklärtes Ziel der EZB in Frankfurt ist es die Inflation im Euroraum unter 3 % zu halten. Allerdings ist aktuell beobachtbar, dass die Chefin der EZB – Christine Lagarde durchaus bereit zu sein scheint diese Ziel für 2–5 Jahre zu vernachlässigen und auch eine Inflation von 5 % in Kauf zu nehmen.

[2] Zur Unterscheidung zwischen Strategie und Taktik ein Beispiel: Eine Fußballmannschaft bekommt vom Trainer die Anweisung die gegnerische Mannschaft früh zu attackieren, ein schnelles Tor zu machen und sich dann etwas zurückzuziehen und punktuell wieder anzugreifen. Das ist die Strategie des Trainers vor dem Spiel. Wenn es dann für die Mannschaft ein Gegentor und eine rote Karte gibt innerhalb der ersten 20 Minuten im Spiel – dann sollte der Trainer die Taktik ändern und sagen – ok wir versuchen erst einmal das Spiel zu stabilisieren und dann punktuell anzugreifen. Die vorherigen Überlegungen sind die Strategie – die konkreten Eingriffe sind Taktik. In der Kapitalanlage sollte die Strategie niemals durch zu viele und schnelle taktischen Eingriffe überlagert werden. Ein guter Berater wird immer wieder – unabhängig von der Marktsituation- zurückkommen auf die strategische Ebene.

Gespräche Gefahr, zu einem „oberschullehrerhaften" Vortrag zu werden und den Kunden zu langweiligen. Daher ist es wichtig, den Kunden einzubinden. Fragen zu stellen. Auch nachzufragen wie der Kunde die Aussagen des Beraters hinsichtlich der Kapitalmärkte bewertet, um dann zu abstrahieren wie der Kunde „tickt" und ihn bestmöglich bei der Umsetzung seiner Ziele zu unterstützen. Schaffte ein Berater das so umsetzen hat es den großen Vorteil, dass der Kunde die wichtigen grundlegenden Entscheidungen im reflektierten Gespräch selbst trifft und nicht der Berater. Damit ist die Verantwortung geteilt. Neueste Studien zeigen, dass Kunden mit Beratern im Schnitt eine höhere Rendite erzielen als Kunden ohne Berater. Ein Gesprächspartner auf Augenhöhe spiegelt immer wieder die Ziele und hält auch den Kurs in stürmischen Zeiten.

Viele Menschen beschäftigen sich selbst mit diesen Themen. Wenn der Nachbar oder der Kollege aus der Klinik oder Praxis Empfehlungen ausspricht, sollte man vorsichtig sein. Man sollte nur in Produkte investieren, die man versteht. Auch ich habe Kunden die „auf eigene Rechnung" etwas Geld in Krypto Währungen investieren oder Einzeltitel kaufen im Depot. Das ist nicht der Anspruch einer strategischen Vermögensplanung. Ich brauche **planbare Renditen über einen definierten Zeitverlauf.** Daher sind wir keine operativen Vermögensmanager – sondern strategische Vermögensplaner. (**siehe Unterschied zwischen Taktik und Strategie**) Das bedeutet, dass man mit ruhiger Hand und klarem Kopf gemeinsam mit dem Kunden die vielfältigen Entwicklungen an den Märkten beobachtet, partizipiert und antizipiert und nicht ständig die Strategie wechselt.

Es ist kontraproduktiv, wenn Sie als Kunden im Jahr 4–5-mal andere Anlagen kaufen und verkaufen sollen. Das deutet auf eine Beratung hin, die nicht strategisch, sondern kurzfristig taktisch und damit wenig planbar ist. Auch am Kapitalmarkt sollten Sie als Kunden preisbewusst und kritisch sein und darauf achten ob Ihnen eine Bank beispielsweise nur die eigenen Produkte anbietet oder auch andere.

Zu Beginn des Vermögensaufbaus steht die Schaffung einer Rücklage in Höhe von **3 Nettogehältern.** Dieses Geld sollte immer verfügbar auf einem Tagesgeldkonto liegen. Es ist verplant für unvorhergesehene Ausgaben und dafür, dass es immer verfügbar ist, zahlt man hier den Preis des effektiven Vermögensverzehres nach Steuern und Inflation. Erst wenn diese **Rücklage** auf einem Konto liegt, sollte man sich Gedanken darübermachen wie es in der Kapitalanlage weitergehen kann und was die nächsten sinnvollen Schritte sind. Am Anfang steht demnach eine sinnvolle Steuerung der Liquiditätsströme.

6.1 Konten und Liquiditätsströme

Banken haben zunehmend Probleme Geld zu verdienen. Insbesondere im Geschäft mit Endkunden. Das hat mehrere Gründe und leider auch erhebliche Konsequenzen für eben jene Kunden. In der Vergangenheit wurden Kunden die 300.000–500.000 Mark anlegen wollten oder angelegt hatten, durchaus von einem Privatkundenberater mit einiger Erfahrung und auch Kompetenz beraten. Wenn Sie heute in einer Bank mit weniger als 750.000- 1,4 MIO EUR ein Privatmandat mit gehobener Betreuung wünschen wird man Sie zwar nicht auslachen aber das wird in der Regel nicht passieren. Dafür sind die Margen im Privatkundenbereich zu gering geworden. Die Banken stecken in einem ähnlichen Dilemma wie der Endkunde selbst. Es gibt keine Zinsen mehr. Und wenn das Geld billig ist, dann verdient derjenige der das viele Geld hat (Banken) kein Geld mehr. So einfach ist das.

Banken verdienen Ihr Geld im Investmentbanking und in der Beratung von sogenannten UHNWI's. Das sind Ultra High Net Worth Individuals oder übersetzt, extrem vermögende Privatpersonen. Das Endkundengeschäft mit Finanzierungen und etwas Kapitalanlage oder dem Sparplan für Kind und Enkelkind wird mitgenommen von den Banken aber es ist kaum ergebniswirksam in den Bilanzen, wenn es um Gewinne geht. Banken haben sich bereits auf breiter Front zurückgezogen. Filialen werden geschlossen und der Service findet nicht mehr vor Ort statt, sondern in weiter entfernten zentralen Einheiten. Es ist schwer geworden für Banken nachhaltig und langfristig Erträge zu generieren. Daher müssen Banken sparen. Neben den gesunkenen Margen für Standardprodukte wird die Regulatorik mehr und mehr. So dass es auch aufwendiger geworden ist für Geschäftsbanken an bestimmten Märkten zu partizipieren. Banken sehen sich also von zwei Seiten massiv unter Druck gesetzt.

Als Folge werden Sie bei fast jeder Bank Gebühren bezahlen. Es kann sein, dass bei Einrichtung eines Gehaltskontos (Häufig ab 2500 EUR) monatlichem Geldeingang die Gebühren für das erste Konto erlassen werden aber spätestens für eine Kreditkarte, eine 2. EC-Karte, oder sonstige Dienstleistungen bis hin zum Ausstellen von Kontoauszügen wird die Bank Gebühren verlangen. Nicht, weil dieses Institut dann besonders gierig oder „schlecht" ist, sondern weil die Banken das tun müssen. Wäre das nicht so, dann würde es bald keine Banken mehr geben für den Endkunden. Bei manchen Banken gibt es Lockangebote also eine zeitlich beschränkte Phase, in der keine Kosten anfallen. Damit versuchen Banken neue Kunden zu gewinnen und dann über einen sogenannten Querverkauf die gesponserten Produkte gewinnbringend zu refinanzieren.

Auch auf Sichteinlagen auf Tagesgeldkonten in bestimmter Höhe werden inzwischen Gebühren fällig. Solche Verwahrentgelte sind nichts Anderes als die in den Medien beschriebenen Strafzinsen. Banken müssen das tun, weil die Banken für das Geld der Kunden auf den Konten Geld bezahlen müssen und diese Gebühren werden an die Kunden weitergegeben. Also sollte nur so viel Geld auf Tagesgeldkonten mit Verwahrentgelten liegen, dass eben jene Entgelte noch nicht gezahlt werden müssen zumindest in der Phase des Vermögensaufbaus.

„Konzept schlägt Kondition" (Quelle unbekannt)

Wie ein kluges **Konzept** aussehen kann, wird nun in der Folge aus strategischer Sicht beschrieben. Strategisch ist es klug mit mehreren Konten zu arbeiten. Wir sprechen dabei von einem **Mehrkontenmodell**. Also ein Konto für die fixen Kosten und ein Konto für die variablen Kosten. Das schafft einen hohen Grad an **Transparenz** und **Sicherheit**. Zusätzlich sollte auf einem Tagesgeldkonto eine Rücklage gebildet werden. Diese Rücklage sollte 2–3 Monatsnettogehälter betragen. Diese liquide Rücklage dient dazu bei unvorhergesehenen Ereignissen nicht einen Dispokredit in Anspruch nehmen zu müssen bzw. ein Darlehen abschließen zu müssen.

Im besten Fall sind die Konten durch einen intelligenten Überlauf miteinander verbunden. Solche Mechanismen überprüfen das Konto zu einem frei definierbaren Stichtag auf Guthaben und buchen dann automatisch bis zu einer Grenze die Restsumme auf das Tagesgeldkonto. Das bewirkt, dass der Kunde deutlich schneller seine Notrücklage zusammenspart, als wenn er jeden Monat den Auftrag händisch auslösen muss. Automatismen sind hilfreich bei einer vernünftigen Steuerung der Liquidität. Es ist günstig, dass das Geld einfach seinen Weg geht, ohne aktiv werden zu müssen sehr sinnvoll, dass sich kein zu großes Guthaben auf den Sichtkonten anhäuft. Das schützt den Kunden vor etwaigen größeren Käufen von unnützen Dingen. Im optimalen Fall ist ein solches „Drei Konten Modell" dann verbunden mit dem Aktiendepot. Der Mechanismus dafür sollte per Überlauf vom Tagesgeld Konto aus definiert sein.

Gewöhnen Sie sich frühzeitig an Onlinebanking und gewöhnen Sie sich daran mit mehreren Depots und Konten zu arbeiten. In der Niederlassung haben Sie ein Steuerkonto, ein Lohnkonto, ein Praxiskonto, vielleicht noch ein gemeinsames Gesellschafterkonto. Es ist einfach klug verschiedene Zahlungsströme auch physisch voneinander zu trennen. Beginnen Sie früh damit und lernen Sie die Vorteile zu schätzen.

6.2 Mittelfristige Anlagen

Menschen sind nicht rational.[3] Ökonomen, Psychologen und auch Mediziner haben das in unzähligen Experimenten nachgewiesen. Wir unterliegen falschen Annahmen, kalkulieren Falsch und sind geblendet von eigenen Ergebnissen oder Ergebnissen aus unserem unmittelbaren Umfeld. Daher ist es wichtig im Bereich Geldanlage einen reflektierten Gesprächspartner zu haben um solche strukturellen Fehleinschätzungen gespiegelt zu bekommen. Sofern Sie einen wirklichen Vermögensaufbau betreiben möchten, wird es zwingend so sein, dass Sie sich mit dem Kapitalmarkt beschäftigen. Und wenn man sich mit Märkten und Anlagemöglichkeiten beschäftigt, dann folgt die Beschäftigung mit etwaigen Verlusten und Risiken. Die Möglichkeit sein Geld zu verlieren ist eines

---

[3] Lesen Sie dazu Bücher von Dobelli oder Taleb oder Kahneman und Sie werden sehen, dass wir als Menschen auf keinen Fall rational entscheiden und zwar insbesondere in Situationen in denen es um Geld geht.

von vielen Risiken, die es am Markt gibt. Es ist zielführend diese Risiken für sich sauber zu trennen. Denn jedes Risiko bedeutet auch eine Chance. Und jede Art von Risiko kann auch auf eine Art beherrscht werden. Wenn man also das Beherrschen der Risiken und deren Abgrenzung einmal sauber aufgearbeitet hat so **verändert das die Art und Weise wie Sie über Geld und Investitionen denken werden.**

Allerdings: Es gibt keine „Eierlegendewollmilchsau". Das gibt es nicht. Wenn eine Anlage zu gut klingt, um wahr zu sein, dann haben Sie den Haken noch nicht gefunden. Es gibt immer ein Risiko. Wenn Ihnen suggeriert wird es wäre nicht so, dann werden Sie angelogen oder das Modell ist kriminell, was wieder ein Risiko wäre.

Risiken per se sind nicht schlimm, wenn man weiß, wie man damit umgeht. Wir Erwachsene erachten die Möglichkeit auf dem Parkplatz eines Supermarktes überfahren zu werden als gering. Da wir die Risiken kennen. Wir wissen das Autos ausparken, dass Autos einparken und dass es klug ist mit den Fahrern kurz Blickkontakt aufzunehmen, bevor man den Weg kreuzt. Meine 4 – jährige Tochter weiß vieles von diesen Dingen nicht. Daher nehme ich Sie an die Hand oder setze Sie in den Wagen. Irgendwann wird Sie das dann auch allein können – aktuell leider nicht. Nochmals. **Risiken sind nicht schlecht. Man muss Sie nur kennen.** Es gibt in der Kapitalanlage 4 Formen von Risiko. Das **Emittenten Risiko, das Inflationsrisiko, das Währungsrisiko und das Schwankungsrisiko.**

Emittenten Risiko bezeichnet die Möglichkeit, dass das Unternehmen dessen Aktie man besitzt, abgewickelt wird und die Aktien damit den kompletten Wert verlieren. Das Unternehmen, von dem die Aktien stammen geht bankrott. Damit ist nicht gemeint, dass Aktien eines Unternehmens mal besser und mal schlechter bewertet werden, sondern hier geht es ausschließlich um den Totalverlust. Es ist wichtig, dass diese Abgrenzungen im Kopf funktionieren. **Nur eine klare Abgrenzung der möglichen Rahmenbedingungen führt dazu, dass sich Berater und Arzt auf Augenhöhe sinnvoll unterhalten können zu diesem Thema.** Die Lösung das Risiko zu minimieren ist der Kauf von Fonds – in denen eine Vielzahl von Einzeltiteln stecken. Es müssten dann alle Unternehmen, die in dem Fonds enthalten sind, bankrottgehen. Das ist sehr viel unwahrscheinlicher als das ein Unternehmen bankrottgeht.

Das Inflationsrisiko beschreibt sehr gut die aktuelle Zinssituation. Damit ist gemeint, dass eine Kapitalanlage weniger Rendite erwirtschaftet als die bestehende Inflationsrate. Und das hat zur Konsequenz, dass das Geld faktisch weniger wird. Das ist ein Risiko das (brachial) unterschätzt wird. Wäre es nicht so, dann lägen in Deutschland nicht unfassbare 2,4 Billionen EUR auf Tagesgeldkonten, sondern würden in Anlagen für die Menschen arbeiten, anstatt Jahr für Jahr an Kraft und an Wert zu verlieren. Wenn Sie heute, 2021 bei einer Inflation von nur 2 %, 100.000 EUR auf einem Tagesgeldkonto liegen lassen, dann ist das Geld in 30 Jahren noch 55.000 EUR Wert. Überspitzt formuliert könnte man von einer schleichenden Enteignung sprechen. Bei einer angenommenen Inflation von 3 % sind es noch 41.000 EUR nach 30 Jahren.

Die erklärten Ziele der EZB wahren bisher eine geringe Inflation in der Eurozone und ein niedriger Zins. Spannenderweise scheint sich die Politik in der Ära Lagarde gerade ein wenig zu ändern, so dass Inflationsraten größer 3 % nicht mehr von vornerein als unmöglich postuliert werden. Bei gleichzeitig niedrigen Zinsen und moderaten Lohnanpassungen besteht hier eine signifikante Gefahr für die Volkswirtschaften in der Euro Zone. **Darüber hinaus besteht eine Gefahr für ihr Vermögen und Ihre Vorsorge. Denn die Spielregeln haben sich massiv geändert!**

Währungsrisiken beziehen sich auf die schwankenden Wechselkurse von Währungen zueinander. Wenn also ein bestimmter Titel in einer anderen Währung gekauft wird und sich das Verhältnis von EUR zu der betreffenden Fremdwährung ungünstig verändert, dann kann es sein, dass obwohl sich die Aktie gut entwickelt, trotzdem ein Verlust generiert wird, weil die notierte Währung im Vergleich überproportional viel verloren hat.

Das letzte Risiko – das Schwankungsrisiko, oder auch Volatilität genannt ist kein Risiko. **Es ist eine Chance und eine sehr gute Methode das Geld mehr und mehr werden zu lassen.** Aktien sind das einzige Produkt in Deutschland, dass niemand kaufen will, wenn es billig zu haben ist und jeder kaufen will, wenn es teuer ist. Strategisch sollte daher immer ein Nachkaufpolster auf einem Konto oder in einer nicht schwankenden Anlage gebildet werden, um dann zu kaufen, wenn die Märkte ein wenig runterkommen. Leider haben wir über die letzten Jahre psychologische Märkte, die nur sehr kurzfristig einbrechen und sich schnell erholen. Im Frühjahr 2020 war ein Zeitpunkt zu dem Corona bedingt ein Nachkauf ganz gut war. Aber grundsätzlich ist Schwankung in der Phase des Kapitalaufbaus immer gut. Wenn es darum geht, dass zu einem fest definierten Zeitpunkt eine klar definierte Summe zur Verfügung stehen muss, dann ist Schwankung nicht gut. Als Konsequenz muss das Geld dann entsprechend aus der schwankenden Anlage hin zu einer nicht volatilen Anlage verschoben werden. Ein Physiker hat mir mal erklärt, dass kein Luftloch bis zum Boden reicht. Wie ich finde ein schönes Bild, um in turbulenten Zeiten die Ruhe am Kapitalmarkt zu behalten.

Auf Basis dieser Kenntnisse und der Erläuterung der verschiedenen Assetklassen lässt sich dann ein individuelles passgenaues Depot und Anlageportfolio erstellen, das zu dem Kunden passt. **Ohne diese Aufklärungen und die Anamnese der Ziele, Wünsche und Vorstellungen des Kunden ist eine Anlageempfehlung entweder Esoterik oder Produktverkauf.** Die Mittelfristigen Anlagen sind ein hochgradig spannendes Thema. Nutzen Sie die Chance sich mit Kapitalmarktthemen vertraut zu machen. Und achten Sie darauf, dass Sie in Ihrem Berater einen Gesprächspartner auf Augenhöhe finden, der Ihre Einschätzungen und Ideen spiegelt und kritisch reflektiert. Ein „Richtig" oder „Falsch" ist ex – post immer eine treffende Aussage. Ex – ante allerdings nicht mehr als eine wilde Spekulation, sofern keine smarte Strategie hinterlegt ist.

6.3 Finanzierung

Bei dem Begriff Finanzierung denken die meisten von uns wahrscheinlich an einen Kredit für eine Immobilie oder ein Auto. Das sind auch empirisch die beiden Fälle, die am häufigsten vorkommen. Lassen Sie uns jedoch einen Schritt zurück gehen und uns das Thema struktureller betrachten. Was genau ist eine Finanzierung aus Sicht eines strategischen Finanzberaters? **Es ist die Beschaffung von Fremdkapital (Kreditsumme) zum Preis des Kapitalmarktes (Zins) versehen mit einem strukturierten Rückzahlplan (Tilgung) zum Erwerb eines Konsum- oder Wirtschaftsguts.** Die Unterscheidung zwischen **Konsumartikel** und **Wirtschaftsgütern** bzw. **Investitionsgütern** ist essenziell für eine ordentliche Abgrenzung und Analyse. Sofern ich ein Konsumgut erwerbe mit Fremdkapital werde ich das Geld einfach ausgeben und das Konsumgut wird gekauft zu Marktpreisen und danach an Wert verlieren. Wenn Sie beispielsweise ein Auto finanzieren und damit beim Händler von Hof fahren, wird das die teuerste Autofahrt Ihres Lebens, weil bis Sie stolz daheim angekommen sind, haben Sie keinen Neuwagen mehr und damit einen Wertverlust von 5–10 % realisiert. Also bei einem Kauf von Konsumgütern mit einem Kredit redet man von **Konsumschulden**. Sofern Sie sich Kapital beschaffen, um in eine Wohnung zur Vermietung oder ein Geschäft zu investieren, dann haben Sie die Erwartungshaltung, dass aus dem investierten Geld ein **Rückfluss an Kapital** generiert wird und im besten Fall ein Gewinn nach Kosten. Also dass der Gewinn auf das eingesetzte Kapital höher ist als die Kosten für das Kapital (Zins) Oder stark vereinfacht. Der Ertrag sollte höher sein als Zins und Tilgung. Es handelt sich hierbei nicht um Konsumschulden, sondern um eine Investition mit Fremdkapital. Warum das interessant sein kann, erläutere ich später in diesem Kapitel.

Die Form der Finanzierung, die am weitesten verbreitet ist, sind sogenannte **Annuitäten Darlehen**. Die Rate ist dabei immer gleich und der Anteil der Zinszahlung wird über den Verlauf der Finanzierung kleiner und der Anteil der Tilgung größer. Daneben gibt es auch die Form eines **Tilgungsdarlehens**. Die Raten verändert sich durch die im Verlauf abnehmenden Zinszahlungen. Die Tilgung bleibt gleich. Die dritte Darlehensform sind **endfällige Finanzierungen**. Dabei werden im Verlauf nur die Zinsen bezahlt. Es wird nicht getilgt. Parallel wird Geld angespart, um dann die Restschuld auf einen Schlag zu bezahlen. Diese Form kann sehr große finanzielle Vorteile bieten, insbesondere auch bei einer Niederlassung oder einer Finanzierung einer fremdgenutzten Immobilie. Das kommt daher, weil die Zinsen im Verlauf immer gleich hoch bleiben und diese Zahlungen steuerlich relevant sind bei Gewerbe und Immobilien, die vermietet werden. Tilgung ist Privatvergnügen, Zinsen sind steuerlich relevant. Die einfache Logik: Wenn meine Rendite in der Ansparphase höher ist, als mein Zins mache ich einen sehr guten „Schnitt", auch ohne steuerliche Effekte, die dann noch dazu kommen.

Letztlich bezeichnet der **Zinssatz also den Preis des Geldes** den die Bank von Ihnen möchte. Das ist abhängig davon welche Sicherheiten, welche Bonität und wie viel Eigenkapital eingebracht werden. Also nicht nur die Zinssituation am Kapitalmarkt ist ausschlaggebend, sondern auch persönliche Faktoren. Der Einsatz von Eigenkapital sollte ausführlich abgewogen und besprochen werden. Es kann Situationen geben, in denen es vernünftiger ist, viel Eigenkapital einzusetzen und es kann Situationen geben, in denen eine 100 % Finanzierung klug ist. Unabhängig von Laufzeit, Rückzahlungen, Zins und Tilgung spielt beim Thema Finanzierung ein Aspekt eine sehr gewichtige Rolle, den es zu beachten und frühzeitig zu erkennen gilt.

Das ist das Thema der **Emotionen**. Sobald es um Fremdkapital geht, reden wir über größere Summen Geld. Häufig mehr Geld als die Kunden es gewohnt sind im Alltag. Das führt zu emotionalen Ausnahmetatbeständen. Sofern Sie schon einmal ein Auto konfiguriert haben oder ein Haus gebaut, saniert und eingerichtet haben kennen Sie das vielleicht. Wenn ich jemanden an einem normalen Dienstag Frage, ob es ok ist, dass er jetzt 4000 EUR. mehr ausgibt, dann wird er mich fragend ansehen und hoffen, dass ich geistig gesund bin. Wenn Sie aber ein Auto konfigurieren, dann bestellen Sie Leder für 1500 EUR, die Keyless go Funktion 600 EUR und weil das Auto so groß ist und Sie nicht Eis kratzen wollen noch die Standheizung 1600 EUR und die Fernbedienung im Schlüssel integriert in Wagenfarbe für 300 EUR, denn darauf kommt es jetzt echt nicht mehr an. Das ist gefährlich. Bei Häusern ist das noch schlimmer, denn die Beträge werden sehr schnell sehr viel größer. Sie sagen sich selbst die Sätze: „Es gehört ja mir." „Ich mache es für mich nicht den Vermieter." Oder: „Wenn wir das jetzt machen, dann machen wir es richtig." Ich kann das gut verstehen. Ich bin selbst Immobilienbesitzer einer eigengenutzten Immobilie. Und in meinem Freundeskreis ist das überwiegend so. Da wir auf dem Land wohnen ist es bei uns eher die Ausnahme in einer Wohnung in einem Mehrfamilienhaus zu leben. Wenn schon zur Miete, dann werden zumindest Häuser gemietet aber keine Wohnungen. Nur rein ökonomisch betrachtet ist das in über 90 % der Fälle ein Verlustgeschäft. Emotional kann ich es nachvollziehen und ich bin auch so erzogen worden, dass ein eigenes Haus mit Garten erstrebenswert und richtig ist, aber ökonomisch gäbe es klügere Lösungen. Nur wir sind keine Maschinen. Wir sind nicht Mister Spock. Es wäre auch ökonomisch klüger keine Kinder zu bekommen. Aber das ist nun mal auch ein emotionales und kein rationales Thema. Insofern gilt es hier größere Fehler zu vermeiden, aber immer in dem Wissen, dass es sich tendenziell nicht um die beste Entscheidung in finanzieller Hinsicht handelt. Innerhalb dieser suboptimalen Entscheidung gilt es aber dann die beste Lösungsoption zu finden. Und das ist letztlich Teil meiner Arbeit, indem ich die Ziele und Wünsche meiner Mandanten moderiere und mit Lösungen versehe.

Ebenfalls weitverbreitet ist insbesondere bei Finanzierungen von Investitionen die grundsätzliche **Angst vor großen Summen.** Respekt tut hier gut, aber es darf nicht so sein, dass Sie als Kunden nachts nicht mehr schlafen können und immerzu an Ihre Verbindlichkeiten bei der Bank denken müssen. Wenn dem so ist, dann fordern Sie eine weitere Beratung ein. Und eine Planung auf Basis der bestehenden Zahlen unter Einbeziehung verschiedener Szenarien. Das wird Ihnen die notwendige Sicherheit geben ruhig zu schlafen und Ihre Investments sicher zu gestalten. Grundsätzlich sind fremdkapitalfinanzierte Investitionen ein enormer Hebel sich ein Vermögen aufzubauen. Allerdings ist das nicht trivial, da Zinsen und Rendite eine erhebliche Rolle spielen. Sie hebeln dabei mit fremdem Geld das eigene Vermögen. Das kann gut gehen aber eben auch so richtig daneben. Daher sollte das nicht der Erste und Einzige Berührungspunkt mit Fremdkapital in ihrer „Finanzbiographie" sein.

Und zum Abschluss des Themenblocks noch ein wichtiger Punkt. **Die Kondition ist nicht entscheidend.** Also der gebotene Zins ist zwar eine variable in der Gleichung aber niemals der entscheidende Punkt. Es geht um das Konzept. Es geht darum, ob ich der Bank vertraue. Es geht darum, ob mich die Bank ggf. auch unterstützt, wenn es einmal nicht läuft und es geht darum, ob die Bank mich und mein Geschäftsmodell oder meine Idee versteht. Natürlich versuchen wir für unsere Kunden gute Zinskonditionen zu verhandeln, wir achten aber mindestens genauso sehr, ob wir die Möglichkeiten haben in verschiedenen Szenarien im Sinne der Kunden Änderungen und Flexibilität vornehmen zu können. Wenn ich diese Ansicht dem Kunden vermittle und er nicht davon abweicht, dass es ihm rein um die Kondition geht, dann werde ich die Finanzierung nicht machen. **Gerade bei Medizinern ist es unfassbar wichtig, dass eine Bank und deren Mitarbeiter verstehen wie und wann Mediziner ihr Geld verdienen und dass es häufig der Vorleistung bedarf, bis eine Praxis wachsen kann oder in die positiven**

Zahlen drehen wird. Daher benötigt man als Arzt einen Finanzierungspartner, der das Modell versteht und kennt und in stürmischen Zeiten auch mal ruhig bleibt. Konzept schlägt Kondition.

6.4 Immobilien als Kapitalanlage

Immobilien erfreue sich sehr großer Beliebtheit. Die Preise steigen und steigen seit Jahren. Das hat mehrere Gründe und massive Auswirkungen. Die Preise steigen, weil Investoren kaum Alternativen haben. Sie können in Aktien, also den Kapitalmarkt investieren oder in Immobilien. Zusätzlich sind die Zinsen sehr niedrig, so dass es viel billiges Geld gibt, mit dem sich Immobilien erwerben lassen. Trends wie eine zunehmende Urbanisierung und steuerliche Anreize verschärfen die Situation und führen letztlich zu einer Preisspirale die aktuell nur eine Richtung kennt. Mandanten sprechen uns in solchen Situationen dann an und möchten wissen, ob wir denken es handle sich um eine Immobilienblase. (solche Fragen bekommen wir im Hinblick auf Aktien deutlich weniger gestellt)

Immobilien sind dem Namen nach sehr unbewegliche Wirtschaftsgüter. Das bedeutet, mit dem Besitz einer Immobilie bindet man sich ökonomisch an die unmittelbare Umgebung des Objektes, und an die rechtlichen und steuerlichen Rahmenbedingungen des Landes. Also wenn Sie wegen der hohen Steuer nach Monaco ziehen möchten, all ihre Einnahmen aber aus Mieten in Deutschland resultieren, dann haben Sie ein wirtschaftliches Interesse in Deutschland und werden hier auch versteuern. Wenn plötzlich neben Ihrer Immobilie eine Umgehungsstraße gebaut wird, oder die Einflugschneise des Flughafens sich ändert oder eine Biogasanlage in der Nähe entsteht, dann wird es schwierig die Immobilie zu bewegen und in der Regel wird der Preis sinken. Das kann auch umgekehrt der Fall sein, wenn sich wertsteigernde Infrastrukturen rund um die Immobilien entwickeln. Es gilt der Lieblingsspruch der Immobilienmakler: Die drei wichtigsten Sachen bei einer Immobilie? Lage, Lage, Lage.

Dennoch haben Immobilien den emotionalen Vorteil, dass man Sie anfassen, bewohnen und besichtigen kann. Das ist bei einem Aktiendepot eher nicht der Fall. Das suggeriert Sicherheit. Und Sicherheit mögen viele Anleger. Es ist auch einfacher beim Partner, der Partnerin oder den Eltern und Großeltern zu beichten, dass man Immobilien gekauft hat zum Vermieten, anstatt eine Investition in ein Aktiendepot. Insofern spricht viel für die Anlageklasse und diese erfreut sich großer Beliebtheit. Im Hinblick auf die Schaffung von Vermögen kann man hier hebeln, und auf dem Papier in wenigen Jahren faktisch Millionär werden. Dabei dürfen sich nur die Parameter nicht ändern. Zum Beispiel ein Zinsanstieg kombiniert mit sinkender Nachfrage nach Immobilien. Die Renditen über die letzten 100 Jahr betragen ca. 3 %. Das bedeutet mit einem normalen Invest in Immobilien schlagen Sie Steuern und Inflation und schaffen Vermögenswerte. Allerdings sind es zyklische Phasen in denen Immobilien mehr nachgefragt und weniger. In Abhängigkeit der politischen und wirtschaftlichen Lage in den betreffenden Ländern und Jahren.

Es gibt unterschiedliche Arten oder Gattungen von Immobilien. Hier unterscheidet der Markt zwischen **Neubauimmobilien, Bestandsimmobilien, Denkmalimmobilien und Spezialimmobilien**. Auch hier: Die Unterschiede sind enorm und es gibt jeweils Vor – und Nachteile. Neubauimmobilien haben die Vorteile, dass man hin und wieder mitgestalten kann und auch eine Immobilie erwirbt, die zunächst mal einige Jahre von Renovierungen verschont bleiben wird. (Ausnahmen bestätigen die Regel) Es ist aber durchaus möglich, dass Sie bei einem Invest bereits Raten bezahlen ohne dass das Objekt schon fertig gestellt wurde. Gerade bei großen Projekten kann es zu solchen baulichen Verzögerungen kommen. Daher planen Sie 3 Monate ohne Mieteinnahmen in die Berechnung mit ein. Überhaupt werden viele Rentabilitätsberechnungen so berechnet, dass von einer 100 % Auslastung ausgegangen wird. Einen längeren Leerstand kann man verhindern über einen Mietpool, so dass ähnlich wie bei einer Versicherung die Gemeinschaft im Objekt einsteht für den Leerstand einer Einheit. Es gibt auch Mietausfallversicherungen, die abgeschlossen werden und bei großen Projektträgern und Gesellschaften mit Qualität, kann vereinbart werden, dass die Gesellschaft sich um die Vermietung und Nachbesetzung der Einheiten kümmert, wenn mal ein Mieter wechselt. In der Entstehung von Neubauprojekten werden solche Serviceleistungen direkt vereinbart. Aus meiner Sicht ist das absolut sinnvoll. Eine vermietete Immobilie sollte in meiner Planung so stattfinden, dass ich einfach nur auf einem Konto den Mieteingang und die Finanzierungsrate sehe, und mehr Aufwand sollte das nicht sein. Welcher Mandant, und welcher Medizinerkunde im Besonderen möchte Korrespondenz führen mit seinen Mietern, Handwerker beauftragen etc.? Nur wenige. Und auch hier ist der Faktor Zeit und Lebensqualität wieder sehr wichtig. Es geht darum, eine Immobilie im Portfolio der Kunden so zu installieren, dass es auch ins Leben passt und nicht nur in die finanzielle Situation. Bei Neubauten hat man auch den Vorteil, dass es steuerrechtlich häufig noch alle Optionen gibt.

Bestandsobjekte sind bereits vorhandene Einheiten, die veräußert werden. Manchmal wurden die kompletten Objekte von einer anderen Firma gekauft und renoviert und gehen dann wieder an den Markt, aber es kann auch sein, dass ein Objekt unverändert und unrenoviert auf den Markt kommt, einfach weil sich der Besitzer davon trennen wollte oder musste. Damit ändern sich nur die Eigentumsverhältnisse. Der Mieter bleibt. Es werden direkt Einnahmen generiert. Hier lohnt es sich näher hinzuschauen wie hoch eine etwaige Instandhaltungsrücklage im Haus ist, wie die Eigentümerverhältnisse sind und wann welche großen Investitionen (Dach, Fenster, Heizung, Fassade) gemacht wurden. Im Bestand ist also ein wenig mehr Erfahrung notwendig im Hinblick auf die Bewertung einer Immobilie. Kunden geben hin und wieder die Rückmeldung bei einer vorgeschlagenen Immobilie, dass Sie selbst da niemals einziehen würden und das Objekt deshalb nicht für Sie in Frage kommt. Dabei handelt es sich um einen irrationalen Trugschluss. Die Kunden sollen gar nicht in die Wohnung einziehen. Das Objekt hat nur Geld und Rendite zu bringen. Nicht mehr und auch nicht weniger. Daher machen Sie sich bei Überlegungen zu Immobilieninvestitionen frei von solchen Betrachtungen. Sonst wird es teuer.

Denkmalimmobilien sehen im renovierten Zustand häufig so aus, dass viele Kunden gerne einziehen würden. Es sind also Immobilien, die einen historischen Wert haben der als schützenswert erachtet wird und die im Zuge einer Sanierung und oder Renovierung wieder in einen sehr guten Zustand versetzt werden. Da die Kosten dafür teils erheblich höher sich gibt es eine überhöhte steuerliche Förderung auf die Kosten, die diese Renovierung verursachen. Diese steuerliche Förderung ist auch ökonomischer Sicht das Argument eine solche Immobilie zu erwerben. Da die Förderung hoch ist entstehen für den Investor steuerliche Vorteile und hohe Renditen. Allerdings, sobald eine Abschreibung auf eine Denkmalimmobilie ausläuft, sind die Rentabilitätsbetrachtungen dürftig. Aktuell kommen zwar vereinzelt Objekte auf den Markt, aber auf den Gesamtmarkt betrachtet gibt es kaum noch schöne und lohnende Denkmalobjekte. Wenn so ein Objekt genehmigt ist, dann geht es schnell, bis die einzelnen Einheiten verkauft sind. Das passiert häufig im eigenen Netzwerk. Es geht schnell und ohne Werbung oder Aufwand. Diese Objekte sind einfach zu begehrt. Wenn Ihnen also im Freundeskreis oder weiteren Umfeld so eine Chance über den Weg läuft und Sie gerade etwas Liquidität übrighaben, dann machen Sie das.

Unter Spezialimmobilien versteht man beispielsweise Studentenwohnheime, Pflegeimmobilien, Mikroappartements oder Einheiten in einem Hotel. Jede dieser Unterkategorien, die gerade gelistet wurden und die auch nicht vollständig sind müsste nochmals gesondert beschrieben werden. Das kann und will dieses Kapitel aber nicht leisten. Hier könnte ein eigenes Buch geschrieben werden. Dazu nur einige Beispiele, um die Komplexität der Fragestellung zu illustrieren. Aktuell sind Pflegeimmobilien, also Einheiten, die sich in einem Pflegeheim befinden sehr gute Objekte. Allerdings sind Sie hier als Besitzer nicht nur abhängig vom Zins und dem Markt, sondern auch vom Gesetzgeber. Das meint, sie begeben sich in ein ökonomisches Umfeld, dass nach ganz eigenen Regeln funktioniert, die man dann auch kennen muss und regelmäßig beachten muss bei etwaigen Anpassungen. Auch eine Eigennutzung bei solchen Einheiten kann sich schwierig bis unmöglich gestalten. Nimmt man Studentenwohnungen dann sind die guten Objekte häufig noch mit Gemeinschaftsräumen versehen, schicken Dachterrassen oder Beachvolleyballfeldern. Das ist schön für die Studenten, verursacht der Eigentümergemeinschaft allerdings Kosten. Studenten feiern gerne und so kommt es, dass diese Objekte zwar kleiner sind als beispielsweise Pflegeimmobilien, aber manchmal deutlich kostenintensiver in der Anschaffung und insbesondere in der Instandhaltung.

Grundsätzlich sind Investitionen in Immobilien eine sinnvolle Ergänzung im Vermögensportfolio. Aber eine gewisse Grundkenntnis der Materie und eine strukturierte Differenzierung der möglichen Objekte sollte im Vorfeld vorhanden sein. Darum kann nicht pauschal[4] empfohlen werden eine Immobilie zu kaufen. Es muss einfach passen. Und wenn das der Fall ist, dann sind Vermögenswerte in Immobilie eine sehr schöne Ergänzung des Portfolios.

Literatur

1. Lindmayer Philipp, Dietz Hans Ullrich (2020): Geldanlage und Steuer 2020. Bewährte und innovative Konzepte. Tools für Anleger und Berater.
2. Mol Vera (2011): Handbuch Geldanlage
3. Kostolany Andre (2015): Die Kunst über Geld nachzudenken.
4. Kostolany Andre (2006): Mehr als Geld und Gier: Kostolanys Notizbuch.
5. Clason George (2015): Der reichste Mann von Babylon.
6. Taleb Nassim (2008): Der Schwarze Schwan.
7. Taleb Nassim (2008): Narren des Zufalls: Die verborgene Rolle des Glücks an den Finanzmärkten und im Rest des Lebens.
8. Dobelli Rolf (2011): Die Kunst des klaren Denkens.
9. Kahneman Daniel (2012): Schnelles Denken, langsames Denken.
10. Dubofsky David, Sussman Lyle (2009): The Changing Role of the Financial Planner Part 1: From Financial Analytics to Coaching an Life Planning.
11. Blümer Ursula, Diekmann Maike (2020): Ruhestandplanung: Professionelle Umsetzung beim Finanzberater MLP.
12. Schiereck Dirk, Ruß Jochen, Tilmes Rolf, Haupt Torsten (2020): Ruhestandsplanung – Beratungsansatz für die Zielgruppe 50 plus.
13. Palandt Götz, Grawe Uland (2015): Behavioral Finance und Entscheidungsprobleme in der Ruhestandsplanung.

---

[4] Das möchte ich relativieren. Da es bestimmte Lagen in Deutschland gibt, wo man blind zuschlagen könnte. Also bestimmte Straßen in München, auf Sylt oder in Heidelberg. Diese absoluten Top Lagen werden immer gehen. Nur sind diese selten am Markt und teuer. Ein weiterer Satz, den man von Immobilienmaklern hört lautet: „Der Gewinn wird beim Einkauf gemacht" Und Top Lagen sind teuer. Sehr teuer.

7

Ausbildung und Entwicklungsstufen

7.1 Studium und Praktisches Jahr

Das Medizinstudium gliedert sich in zwei Abschnitte. Den vorklinischen und den klinischen. Am Ende des vorklinischen Abschnitts steht das Physikum. Eine anspruchsvolle und herausfordernde Prüfung. Danach folgt die klinische Phase in der auch schon in manchen Kursen und Fächern Kontakt zu Patienten besteht. Im Studiengang kann man also an dieser Prüfung den Übergang von ausschließlicher Theorie hin zu ein wenig mehr Praxis festmachen. Der zu lernende Umfang ist enorm. Die Fächer vielfältig und überwiegend aus den Bereichen der Naturwissenschaften. Wer also in der Schule Probleme mit Chemie, Physik und Biologie hatte, der wird in der Vorklinik richtig viel Zeit und Hirnschmalz investieren müssen. Aber es ist zu schaffen. Und die meisten Studenten sehen im Physikum die größte Hürde des Medizinstudiums. Bei den Studenten des 4. Semesters hört man daher häufiger den Satz: „Wenn ich das bestehe, kann mich nichts mehr davon abhalten Arzt zu werden."

Ab der klinischen Phase des Studiums **ist es sinnvoll sich um eine Berufshaftpflichtversicherung und eine Privathaftpflichtversicherung**

zu kümmern. Diese gibt es für die Zeit des Studiums häufig kostenfrei. Diese Konzepte sind gut und ausreichend und daher hochgradig empfehlenswert. Ebenfalls ist es jetzt an der Zeit den eigenen oft **guten Gesundheitszustand zu nutzen** und sich um eine Absicherung gegen Berufsunfähigkeit zu kümmern und den Status einzufrieren für einen späteren Wechsel in die Private Krankenversicherung.

7.1.1 Auslandsfamulaturen oder Tertiale

Viele Medizinstudenten entscheiden sich im Verlauf der klinischen Phase des Studiums für eine Auslandsfamulatur oder verbringen eines der 3 PJ Tertiale im Ausland. Die Motivation ist dabei sehr unterschiedlich. Bei manchen hat das eher touristischen Charakter und andere Studenten möchten die Gesundheitssysteme kennen lernen oder schlicht helfen, wo Hilfe guttut – beispielsweise in einem Land der dritten Welt. Die beliebtesten Länder sind traditionell die Schweiz, Frankreich und die Niederlande. Aber auch Südafrika; Kanada oder die USA sind sehr beliebte Ziele. Ein Tip für frankophile angehende Ärzte oder falls Sie als Arzt noch Studierende kennen, sind die Überseekolonien der Franzosen. Die Studierenden verlassen faktisch die EU nicht, können aber beispielsweise eine gute Zeit auf Martinique verbringen. In der Schweiz werden die PJ ler schon bezahlt. Daher gehen da auch viele für ein Tertial hin, und um das Land und die Medizin dort kennen zu lernen. Etwa 15 % meiner Mandanten sind aktuell im Ausland. Teilweise nur vorübergehend und bei manchen ist eine Rückkehr aktuell nicht absehbar. Denn fertige Ärzte haben das Privileg, ohne zu große Hürden den erlernten Beruf weltweit ausüben zu können. Und viele kommen schon im Studium durch die Auslandsaufenthalte „auf den Geschmack".

In jedem Land gelten andere Formalitäten, unterschiedlicher Güte. Einige Dinge sind jedoch in jedem Land zu erfüllen. Dazu gehört zum Beispiel der Nachweis über eine **adäquate Absicherung im Bereich Berufshaftpflicht.** Vor Reiseantritt sollte auch der Impfstatus aktualisiert werden und es gibt spezifische Auslandskrankenversicherungen für Medizinstudenten die sehr günstig und maßgeschneidert sind. Auch wenn man sich um einen **guten Krankenversicherungsschutz fürs Aus-**

land gekümmert hat, ist es empfehlenswert eine Kreditkarte dabei zu haben. Im Fall einer Behandlung müssen die Studenten im Ausland in Vorleistung gehen – also die offene Rechnung bezahlen und können sich dann nach der Rückkehr nach Deutschland das Geld wiedererstatten lassen.

Für Studenten, die all diese Dinge nicht selbst organisieren möchten, gibt es inzwischen einige Anbieter, die die komplette Organisation von Deutschland aus übernehmen. Das funktioniert sehr gut ist allerdings auch sehr kostenintensiv. Außerdem ist man dann an die Kliniken des Anbieters gebunden. Eine freie Organisation ist dann weniger möglich. Es gibt Kliniken die wirklich möchten, dass die Studenten anwesend sind, und in anderen Kliniken findet praktisch keine Lehre oder Kontrolle statt. Letztlich sind solche Faktoren und deren Bewertung davon abhängig welche Ansprüche an den Aufenthalt gestellt werden.

Finanzdienstleister und Fachschaften bieten oft in Zusammenarbeit Seminare zu diesem Thema an. Hier besteht die wertvolle Möglichkeit Informationen aus erster Hand zu bekommen und sich mit anderen Studenten zu vernetzen, die ähnliche Pläne haben. Bei solchen Veranstaltungen gibt es also Informationen aus erster Hand.

7.1.2 PJ Häuser

Nach dem Ablegen des 1. Staatsexamens oder auch gerne „Hammerexamen" genannt, schiebt sich das Praktische Jahr (PJ) ein, bevor dann das 2. Staatsexamen folgt. Das PJ teilt sich aktuell 3 Tertiale. Ein Tertial ist dabei verpflichtend die Chirurgie, ein Tertial die Innere Medizin und das 3. Tertial steht den Studenten für deren Wahlfach offen. Viele Studenten wählen ein Fach, welches auch für die erste Assistenzarztstelle in Frage kommt. Die Erfahrung aus den Biografien meiner Kunden zeigt, dass das manchmal so ist, dass aber deutlich häufiger das Fach nochmals gewechselt wird. Während des PJ gibt es keine nennenswerte Vergütung. Manche Häuser zahlen eine kleine Aufwandsentschädigung oder bieten freie Kost und Unterbringung, aber eine adäquate Bezahlung erfolgt nicht.

Das stellt einige Studenten am Ende des Studiums vor eine Herausforderung. Gerade die Studenten die Arbeiten, um sich das Studium zu finanzieren bekommen hier Probleme. **Eine Hilfestellung kann es daher sein, dieses eine Jahr mit einer Studienendfinanzierung zu überbrücken.** Das ist auch sinnvoller als das PJ künstlich zu verlängern, weil nebenbei noch gearbeitet werden muss. Grundsätzlich gibt es hier zwei Möglichkeiten. Man kann auf staatliche Anbieter zurückgreifen, was häufig mit einem hohen formalen Aufwand und mehr Regeln im Hinblick auf die Rückführung des Darlehens einhergeht – dafür aber sehr gute Zinsen bietet, oder man regelt es mit der Hausbank oder der Hausbank der Eltern. Diese sind dann deutlich weniger an den Formalitäten interessiert, bieten wahrscheinlich höhere Zinsen (Weil ja keine Sicherheiten gegen das Darlehen stehen) sind dafür aber etwas flexibler. Die Überlegung ist recht einfach. Man könnte als Student auch weiter nebenbei arbeiten und das PJ verlängern. Das würde aber bedeuten, ein weiteres halbes oder ganzes Jahr auf ein Gehalt als Arzt verzichten zu müssen. Daher kann es ökonomisch eine gute Überlegung sein, das Ende des Studiums zu finanzieren, also auch die Lernzeit vor dem Hammerexamen, und so frühe rund entspannter in den Beruf als Arzt zu starten.

Listen mit den PJ – Häusern, die die Uniklinik bietet, sind über die Dekanate abzurufen. Je nachdem ob der Start des PJ ins Winter- oder Sommersemester fällt, können sich die Möglichkeiten unterscheiden. Die Fachschaften haben häufig Erfahrungsberichte aus den einzelnen Häusern vorliegen und an vielen Unikliniken gibt es ein PJ – Infoveranstaltung. Es besteht auch die Möglichkeit an ein beliebiges Haus zu wechseln das PJ'ler ausbilden darf. Von dieser Möglichkeit wird gerne Gebrauch gemacht, wenn Studenten weit entfernt vom Heimatort studieren.

Am Ende des PJ werden vielen Studenten konkrete Angebote unterbreitet durch die Kliniken. Ärzte sind Mangelware in Deutschland. Die Argumente der Kliniken sind dabei stichhaltig. Schließlich kennen Sie das Team und umgekehrt. Sie haben erste Einblicke in den Gesamtbetrieb erhalten und es scheint auch räumlich ganz gut zu passen. In den großen Fächern werden Sie sich aussuchen können, wo und wann Sie anfangen zu arbeiten. Sofern Sie ein kleineres Fach wählen, wie beispielsweise Dermatologie kann es schon sein, dass Sie sich bei mehreren Kliniken vorstellen müssen, weil die Stellen begehrt sind.

7.2 Kleine Anekdote: Der Gucci Mops

Eine Kundin von mir hatte im ersten Bildungsweg schon Architektur studiert. Sie kam aus einer Arztfamilie und der Vater war ein ökonomisch sehr erfolgreicher Allgemeinmediziner. Sie hatte sich dann aber entschlossen es doch einmal mit Medizin zu versuchen. Es war gar nicht so einfach in das Fach reinzukommen für Sie und so nahm Sie den Umweg über eine Pflegeausbildung. (Als fertige Architektin) Die Kundin war demnach relativ alt als Sie den Einstieg in den Beruf feiern konnte. Sie kam zu Beratungsterminen sehr oft mit Ihrer Frau Mutter, die die Praxismanagerin war und auch sonst die Familie zusammenhielt. Eine sehr liebenswerte, bodenständige und intelligente Frau. Der Vater sprach nicht viel und die Tochter war durchaus impulsiv und sprunghaft, aber sehr sympathisch und humorvoll. Mutter und Tochter hatten einen Termin vereinbart, um einige Anpassungen vorzunehmen zum Berufsstart. Der Termin lag am Abend 19:00 Uhr. Es war Sommer und sehr warm und ich war froh, dass es langsam abkühlte. Als ich die beiden empfing merkte ich schon das etwas aber mal so gar nicht stimmte. Die beiden warteten im Büro, ich brachte die Getränke und eröffnete das Gespräch, indem ich meiner Kundin gratulierte, nun eine große Wegmarke erreicht zu haben. Aber irgendwie waren die beiden mit dem Kopf und den Gedanken nicht bei mir. Und da gibt es nur eine Lösung. Nämlich fragen. Also fragte ich.

Die Mutter antwortete: „Herr Bartz, es hat nichts mit Ihnen zu tun. Wie Sie ja wissen, hat unsere Tochter jetzt schon einen Weg mit Hindernissen hinter sich und wir wollten das feiern. Ich habe meine Tochter also eingeladen nach Frankfurt zu einem Champagnerfrühstück und im Anschluss waren wir bei Gucci und meine Tochter sollte sich eine Tasche als Geschenk aussuchen. Nur leider ist es dazu nicht gekommen. Wir hatten unseren Mops dabei. Er ist schon 9 Jahre und sicherlich war es heute sehr warm insbesondere in der Stadt, aber daran hätten wir nie gedacht." Ich fragte nach, an was hätten Sie denn nicht gedacht? „Na ja Herr Bartz, er ist leider gestorben, heute in Frankfurt." Ich besitze selbst einen Hund und bin auch mit Tieren groß geworden, insofern verstand ich es nur zu gut, dass die Kunden neben der Spur waren. Mehr als ein „das tut mir leid und wenn Sie mögen, verschieben wir den Termin", war daher auch nicht möglich, weil es mich schon betroffen machte. Doch dann intervenierte die Tochter: „Herr Bartz das ist nicht das Ende der Geschichte. Die Store Managerin von Gucci war so freundlich unseren Hund in ein Seidenpapier zu schlagen und uns eine Tüte mitzugeben – weil wie sollten wir den Kleinen denn transportieren. Und das haben wir dann auch so gemacht. Und als wir dann an der Ampel standen habe ich die Tüte nur für einen kleinen Moment abgestellt und da kam ein Typ und hat mir die Tasche gestohlen und ist mit unserem toten Mops davongerannt. Er dachte wohl da sein eine neue Tasche für mehrere tausend Euro drin, dabei war es unser toter Hund. Und jetzt wissen wir nicht was wir machen sollen. Und begraben geht auch nicht. Ach es ist furchtbar." Die Kundin und Ihre Mutter war den Tränen nahe. Das war eine Situation, die definitiv nicht alltäglich ist.

An der Stelle habe ich den beiden die Hand gegeben und wir haben einen neuen Termin vereinbart. Das war schlimm. Ich konnte irgendwie mitfühlen. Nach und nach und je häufiger ich mir jedoch vorstelle wie das Gesicht von dem Dieb wohl ausgesehen haben mag, als er den Mops aus dem edlen Seidenpapier gewickelt hat muss ich doch hin und wieder schmunzeln.

Als ich die Geschichte in unserer internen Besprechung erzählt habe sind die Kollegen natürlich fast von den Stühlen gefallen, und hin und wieder werde ich dann gebeten die Geschichte des Gucci Mops doch noch einmal zu erzählen. Es war auf jeden Fall der Termin mit einer angehenden Assistenzärztin in den letzten 10 Jahren an den ich mich sehr gut erinnere und der mich zum Schmunzeln bringt obwohl es in der konkreten Situation ganz und gar nicht witzig war.

7.3 Einstieg als Assistenzarzt

Herzlichen Glückwunsch. Sie haben es geschafft und sind Arzt. Damit haben Sie einen der sichersten und bestbezahlten Berufe in Deutschland. Sie müssen sich hier auch nicht dem Druck aussetzen ihr Gehalt zu verhandeln, so wie es andere akademische Berufe nach der Uni tun müssen, sondern erhalten den tariflichen Lohn, der sich an den Tarifabschlüssen an den Unikliniken orientiert.

Durch Dienste, Pool Beteiligungen und die jährlichen Steigerungen nach Tarifabschluss und Alter wird das Gehalt steigen und steigen. Diese Steigung endet erst, wenn Sie die Stelle reduzieren, weil Sie zu viel Stress haben, oder wenn Sie Oberarzt werden und den Weg nicht mehr weitergehen. Dann wird sich das auf einem sehr angenehmen Niveau zwischen 120.000 und 180.000 EUR Jahreseinkommen einpendeln.

Das bedeutet, langwierige Lohnverhandlungen werden Sie zum Berufseinstieg nicht haben. Es gibt Kliniken im ländlichen Raum, die ein wenig mehr zahlen und die Assistenzärzte früher an die Poolbeteiligungen lassen aber im Wesentlichen wird sich das auf einem Niveau bewegen. Manche Kliniken vergüten keine Dienste mehr, weil es sich um ein Schichtsystem handelt. Das macht die Arbeitszeiten für Sie als Arzt zwar planbarer, führt aber dazu, dass eine große Menge Geld nicht überwiesen wird für gleiche Arbeit, weil Sie keine Dienste machen können. Aus meiner Sicht sollten Sie daher eher Träger wählen, die noch das klassische Dienstmodell vergüten.

Wie bereits erwähnt, Sie werden gut vergütet in der Summe. Der Arztberuf ist ordentlich bezahlt. Allerdings sollten Sie zu Beginn nicht den Fehler machen, und sich den Stundenlohn ausrechnen, da es sehr wahrscheinlich ist, dass Sie sowohl in einem operativen Fach wie auch in der Weiterbildung in der sprechenden Medizin nicht immer pünktlich aus der Klinik kommen werden. Das ist sehr wahrscheinlich im ersten Jahr wird aber besser werden.

Hier dazu noch ein Ratschlag: Planen Sie sich ganz bewusst einen Tag ein an dem Sie zu einem klar definierten Zeitpunkt die Post und Bankangelegenheiten regeln. Sonst wird das zu Verwerfungen führen. Sie sollten sofern noch nicht geschehen spätestens jetzt damit beginnen Online-Banking zu nutzen, da die Öffnungszeiten der Banken in keiner Weise mit Ihren Arbeitszeiten korrelieren. Und es daher schwer wird am Schalter die Bankgeschäfte zu erledigen.

Banken haben es in der aktuellen Phase der niedrigen Zinsen und schwindenden Margen nicht mehr so einfach Gewinne zu erwirtschaften. Daher wird es schwierig eine werthaltige Bank zu finden die Ihnen ein kostenfreies Kontensystem und eine ordentliche Beratung und Betreuung zukommen lässt. Sie sollten aber nicht zu früh aufgeben und sich auf die Suche machen. Spätestens mit dem Einstieg in den Beruf legen Sie die Strukturen, die in den kommenden Dekaden genutzt werden können, um Vermögen strategisch und sinnvoll aufzubauen. Sofern Sie sich bisher nicht darum gekümmert haben, ist jetzt der Zeitpunkt, dass Sie eine vernünftige Liquiditätssteuerung mit einem intelligenten Kontensystem installieren.

Ihre Arbeitgeber sind verpflichtet Ihnen einen **Durchführungsweg** in der betrieblichen Altersvorsorge anzubieten. Es kommt vor, dass dort mit den Unterlagen des Arbeitsvertrages DIN A 4 Blätter heraus gegeben werden auf denen drei Beträge stehen von denen Sie dann einen ankreuzen sollen damit der Betrag umgewandelt wird in eine betriebliche Altersvorsorge. Davon ist zunächst abzuraten.

Grundsätzlich ist betriebliche Altersvorsorge eine fantastische Möglichkeit Ihre Rentenzahlungen im Alter zu erhöhen. Allerdings gibt es auch hier komplexe strategische Fragestellungen. Sofern Sie beispielsweise den sinnvollen schnellen Wechsel in die Private Krankenversicherung anstreben, ist es unklug direkt einen maximalen Betrag in die betriebliche Altersvorsorge zu stecken. Der Wechsel in die PKV ist davon abhängig wie hoch Ihr Bruttoeinkommen ist, und ein maximaler Umwandlungsbetrag kann dazu führen, dass das Bruttoeinkommen so stark gemindert wird, dass ein Wechsel in die Private Krankenversicherung um ein Jahr verschoben werden muss. Das wäre strategisch unklug und ökonomisch bedauerlich.

Der Start in den Beruf bietet die **einmalige Chance Strukturen und Möglichkeiten zu schaffen** von denen Sie jahrzehntelang profitieren werden. Daher die klare Empfehlung: Nehmen Sie sich Zeit zum Berufsstart und besprechen Sie ausführlich mit einem Berater was Sie vorhaben. Erst nach einem solchen Planungsgespräch kann eine sinnvolle Empfehlung ausgesprochen werden. Die Ausarbeitung Ihres **Finanzkonzeptes** zu Ihrem Berufsstart wird ein wenig Zeit beanspruchen. Aber Sie werden die Sicherheit haben, dass Ihr persönlicher Fahrplan steht und Sie genau wissen was die einzelnen Stationen dabei sein werden. Diese Pläne sollten auch im Hinblick auf etwaige Produktlösungen regelmäßig überprüft werden aber zum Berufsstart ist es essenziell, dass Sie eine Vision entwickeln welche Möglichkeiten es in den nächsten Jahren gibt und welche Produktlösungen diese Strategien unterstützen.

Neben der Möglichkeit direkt zum Start funktionierende Strukturen zu implementieren verbinde ich mit dem Berufsstart meiner Mandanten eine weitere einmalige Chance: **Der Start in den Beruf wird in der Regel der größte Gehaltssprung sein, den Sie in Ihrem bisherigen Leben hatten.** Viel Geld zu verdienen und deutlich mehr zu verdienen als der Durchschnitt gibt eine Sicherheit. Es geht allerdings auch einher mit Verantwortung etwas Sinnvolles mit dem Geld zu machen. Damit meine ich nicht nur Spenden. Sondern es geht darum, dass Sie als Mitglied dieser Gesellschaft dafür sorgen, dass Sie als jemand mit überproportional hohen Einkommen den Staat nicht belasten.

Also lösen Sie den Konsumstau der sich über das Studium angesammelt hat und gönnen Sie sich zwei bis drei Dinge. Aber dann fangen Sie an auf Ihren Konsum zu achten. Und fangen Sie bitte damit an Geld auf die Seite zu legen und **das Geld für Sie arbeiten zu lassen anstatt umgekehrt.** Es ist erschreckend wie viele Ärzte ich kenne die eigentlich leben wie zu Studentenzeiten. Das bedeutet, jeden Monat ist das Geld knapp. Das Auto ist zu teuer, die Urlaube zu exklusiv und das Haus zu groß und zu früh. Möglich ist das, weil die Banken wissen, dass bei Ärzten das Ausfallrisiko, also bspw. eine Arbeitslosigkeit ziemlich unwahrscheinlich ist. Daher geben Ihnen die Banken bereitwillig die Gelder die Sie möchten. Aber das ist nicht immer zielführend. **Achten Sie darauf, dass der Konsum nicht der Höhe des Einkommens entspricht. Das ist wichtig.** Nur so werden Sie Vermögen aufbauen können. Selbst nach Abzug einer gewissen Rücklage und einer Form von Selbstbeschränkung wird es so sein, dass Sie ein schönes Auto fahren können, Urlaube machen können und sich auch eine eigene Immobilie werden leisten können, sofern das Ihre wirtschaftlichen Ziele sein sollte. Aber bitte nicht übertreiben. Denn es ist schwer und anstrengend ein Niveau wieder abzusenken. Selbst wenn es zwingend erforderlich und vernünftig ist, wird das eher zu negativen Gefühlen führen. Insofern immer ein wenig auf die Bremse treten was den Konsum betrifft. Hierzu ein Merksatz: **Wenn man es sich nicht zweimal kaufen kann, kann man es sich nicht leisten.**

7.4 Der Weg zum Facharzt

Während der Ausbildung zum Facharzt, erfolgen verschiedene Rotationen auf unterschiedliche Stationen im Krankenhaus. Am Ende der gesammelten Zeiten in den Fachgebieten erfolgt eine Prüfung. Die Facharzturkunde berechtigt Sie dazu, eine kassenärztliche Zulassung zu beantragen in Ihrem Fach, das bedeutet danach können Sie sich unter bestimmten Bedingungen alleine niederlassen. Eine Engstelle während der Ausbildung ist oft die Rotation auf die Intensivstation. Sollten Sie daher direkt zu Beginn die Möglichkeit bekommen diese Rotation zu machen, nehmen Sie die Chance wahr und machen Sie das direkt. Auf manchen Stationen wird die Arbeit sehr „dienstintensiv" sein, was dazu führt, dass ein erheblicher Anteil der Vergütung aus Diensten besteht. Das kann ein manchen Monaten nochmal 50 % des bestehenden Fixgehalts sein. Aber gewöhnen Sie sich nicht daran, da es auf anderen Stationen mit weniger Diensten dann auch wieder weniger werden wird. Während der Ausbildung zum Facharzt beginnen einige Kollegen schon mit Weiterbildungen, bspw. dem Notarztschein. Andere Kollegen machen Vertretungsdienste in Praxen und Notfalldienstzentralen. Wenn Sie also zusätzlich zu der Tätigkeit im Krankenhaus arbeiten wollen, gibt es Mittel und Wege. Gelegentlich muss man bei bestimmten Tätigkeiten überprüfen ob diese Tätigkeiten abgesichert sind im Rahmen der Berufshaftpflicht. Sehr häufig ist dies der Fall, aber sicher ist sicher.

Die Ausbildung wird sich mindestens über fünf Jahre ziehen. Aus der Erfahrung heraus dauert es bei den Mandanten aber eher sieben bis neun Jahre. Der bestandene Facharzt führt zu keiner allzu starken Gehaltssteigerung. Er befähigt aber zu OA Stellen und etwaigen Niederlassungen. In manchen Fachgebieten können Teile der Ausbildung auch im ambulanten Bereich gemacht werden zum Beispiel in der Pädiatrie oder in der Allgemeinmedizin. Zusätzlich ist zu beobachten, dass mehr und mehr Kliniken eigene MVZs betreiben und dass junge angestellte Klinikärzte dort die Möglichkeit haben im geschützten Raum, auszuprobieren wie es in der ambulanten Versorgung so ist. Wenn Sie so eine Möglichkeit haben, nutzen Sie die Chance auch wenn am Ende der Zeit nur das Ergebnis steht, dass Sie noch in der Klinik bleiben wollen.

In der Phase werden häufig Familien gegründet und Häuser gekauft. Das hat Einfluss auf die ökonomischen Ziele und Rahmenbedingungen. Mit einem guten Berater können Sie sämtliche Szenarien wie Elternzeit, Hauskauf, zweites Kind, Sondertilgungen, etc. durchsprechen und auch berechnen. Sprechen Sie Ihren strategischen Finanzplaner frühzeitig an. Und bringen Sie den Partner oder die Partnerin spätestens jetzt mit in die Beratung. **Die Berechnung der Szenarien und die Hinweise, die Sie sich daraus gemeinsam erarbeiten werden Ihnen eine sehr schöne Planungssicherheit geben für die kommenden Jahre – zumindest in ökonomischer Hinsicht.**

7.5 Fachrichtungen und deren ökonomische Perspektive

Im medizinischen Umfeld gibt es bestimmte Stereotypen, wenn es um den ökonomischen Erfolg einer Praxis in einer bestimmten Fachrichtung geht. Da sind die reichen Kardiologen, die noch reicheren Radiologen, die engagierten Kinderärzte und die armen Landärzte. **Vergessen Sie das.** Ich habe Praxen von Allgemeinmedizinern gesehen, die ökonomisch unfassbar erfolgreich waren. Ich habe Orthopädiepraxen gesehen da musste ich den Kunden ernsthaft fragen, warum er sich das antut. Also ob er Einkommen erzielen möchte oder die Praxis aus Liebhaberei betreibt. Und ich habe radiologische Praxen gesehen, wo zwar Geld geflossen ist, die aber bilanziell eigentlich in die Insolvenz gehört hätten. **Es kommt nicht so sehr auf das Fachgebiet an. In der ambulanten Medizin kann man überall Geld verdienen.** Mit guter Planung, einem Konzept und dem Willen sich selbst und seine Praxis weiterzuentwickeln. Außen vor was die Einkommensperspektiven betrifft sind Labormediziner und Nephrologie mit Dialysen. Aber alle anderen sind Ihres Glückes eigener Schmied.

Es stellt sich hier die Frage was ökonomisch erfolgreich überhaupt bedeutet. Auf der einen Seite kann man die Einkommenszahlen also den Gewinn nach Steuern und Kosten, die eine Praxis erlöst ins Verhältnis setzen mit der Fachgruppe und daraus seine Schlüsse ziehen. Das ist ein

Anhaltspunkt. Aber eine Praxis in der Innenstadt von München zu betreiben, kostet deutlich mehr, also eine Praxis hier in der Pfalz zu betreiben. Allein die Mieten und Löhne dürften 4–5-mal so hoch sein. Auf der anderen Seite sollte man sich offen Fragen was die Alternative wäre. Also wie viel Geld kann der Arzt verdienen, wenn er eben nicht in eigener Praxis, sondern angestellt in der Klinik oder angestellt in einer anderen Praxis arbeiten würde. Und last but not least, wie viel Zeit muss der Arzt dafür investieren? **Also wenn ein Allgemeinmediziner mit 3,5 Tagen Arbeit so viel Gewinn erzielt wie mit einer vollen OA Stelle in der Klinik, dann ist dem Mandanten in der Regel die Fachgruppe und der Vergleich damit ziemlich egal.** Weil er oder Sie einfach nur froh ist, Zeit für andere Dinge zu haben als die Medizin und trotzdem keine finanziellen Sorgen zu haben. Aus diesen Gründen kann man keine pauschalen Aussagen treffen, ob eine Fachgruppe besonders lohnend ist oder nicht. Ich kann nur berichten, dass 93 % aller Kunden, die die Klinik verlassen und sich für die ambulante Versorgung entschieden haben, glücklich sind mit der Entscheidung. Das ist ein Ergebnis des regelmäßig in Zusammenarbeit mit MLP erscheinenden Gesundheitsreport in dem Mediziner zu allen möglichen Themen befragt werden.

Aus meiner Erfahrung zeigt sich, dass ökonomische Aspekte in den seltensten Fällen die Hauptgründe für eine Niederlassung oder die Abkehr davon sind. Als Finanzberater von Ärzten ist das manchmal herausfordernd. Da wir als Berater sehr auf der Seite der Zahlen denken und die zu leistende Arbeit ins Verhältnis setzen zu potentiellen Einkommenszahlen. Insofern gibt es hin und wieder kommunikative Defizite im Binnenverhältnis zwischen Berater und Arzt. Denn viele Ihrer Kollegen machen diese weitreichenden Entscheidungen weniger von monetären Aspekten abhängig als vielmehr von anderen Faktoren. **Beispielsweise spielt die Freiheit in der Behandlung der eigenen Patienten eine wichtige Rolle.** Auch die Möglichkeiten geregelt und planbar am sozialen Leben und dem Familienleben teilzunehmen und keine anstrengenden Dienste mehr ableisten zu müssen. Eine Faustformel für mich war es immer, dass der Kunde sich durch den Wechsel in ambulante Versorgung verbessern muss. Seien es Verbesserungen in seinem sozialen Leben oder Verbesserungen im monetären Bereich. Wenn beide Aspekte zutreffen, ist das ideal.

Literatur

1. Gross M, Pelz J (2009): Veränderungen des Berufsbildes des Arztes.
2. Willi Jürg, Ackermann – Liebrich Ursula, Heim Edgar (2013): Lebensbedingungen und Eigenheiten der Studierenden der Medizin.
3. Fonk Peter (2008): Der Arzt als Geschäftsmann, der Patient als Kunde? Wie Forderungen der Gesundheitsökonomie das ärztliche Berufsbild und die Rolle des Patienten verändern.
4. Klauber Jürgen, Geraedts Max, Friedrich Jörg, Wasem Jürgen (2019): Krankhausreport 2019.
5. Reese Birgit (2014): Damit der Landarzt nicht nur im Fernsehen kommt.

8

Karrierestufen und klinische Entwicklung nach dem Facharzt

8.1 Funktions Oberarzt, Oberarzt, Leitender Oberarzt

Oberarztstellen gehen einher mit viel Verantwortung, einem erheblichen Freiheitsgrad in der Patientenversorgung (im Rahmen dessen was in der Klinik möglich ist) und einem guten Einkommen. Manche Fachärzte werden zunächst Funktionsoberärzte. Sie führen also die Funktionen eines OA aus, werden aber noch wir ein normaler Facharzt bezahlt. Das ist häufig an größeren Häusern und Unikliniken der Fall. In der Regel muss diese Stelle in einer Zwischenphase übernommen werden bis offiziell eine neu OA Stelle frei wird oder ausgeschrieben wird. Oberarztstellen sind ein sehr gutes Sprungbrett für Wechsel an andere Häuser, um eventuell das Profil nochmals zu schärfen oder im Hinblick auf die Entwicklung in Richtung Chefarzt.

Als Leitender Oberarzt sind sie direkt dem Chef unterstellt, der neben seiner ärztlichen Tätigkeit auch sehr viel kaufmännisch und organisatorisch zu tun haben wird. **Überspitzt formuliert, sind Sie damit der hierarchisch oberste „wirkliche" Arzt in der Abteilung.** In manchen Häusern können leitende Oberärzte, ähnlich wie Chefärzte, außertariflich bezahlt werden. Das führt dann dazu, dass auch eine entsprechend gut dotierte betriebliche Altersvorsorge Teil der Verhandlungsmasse sein kann. Ansonsten gibt es bei Antritt der ersten OA Stelle einige Stellschrauben, die nochmal nachjustiert werden sollten. Das betrifft die Höhen der BU Absicherungen, den Umfang der Rechtschutz und die Tätigkeiten, die man mit dem Haftpflichtversicherer absprechen muss. Die bessere Bezahlung sollte dazu führen, dass ein Teil des Einkommens entweder in eine schnelle Tilgung etwaiger Verbindlichkeiten investiert wird oder in entsprechende Produkte zur Altersvorsorge. Auch Eigenkapital für den denkbaren Einstieg in eine Praxis kann in kleinem Rahmen gebildet werden. (Wobei hier genau analysiert werden muss, ob der Einsatz von Eigenkapital so sinnvoll ist.) Der Absprung ist nicht zwingend.

Einige meiner Mandanten sind schon sehr lange OÄ und möchten das auch nicht mehr verändern. Eine Chefstelle wäre zu wenig Arzt und zu viel Aufwand und eine Niederlassung passt nicht, weil man gerne in der Klinik arbeitet. Dazu kommt noch ein gehöriges Maß an Reputation, dass man sich als OA übe die Jahre erarbeitet hat und insofern kommt dann ein Wechsel für diese Mandanten nicht in Frage.

8.2 Chefarzt

Chefarzt zu werden geht einher mit einem gewaltigen mehr an Reputation und Einkommen im Vergleich zur Oberarzttätigkeit. Aber Chefärzte müssen inzwischen sehr genau die Zahlen der Abteilung im Blick haben. Der Job wird also einen nicht unerheblichen Anteil an **kaufmännischer Tätigkeit** mit sich bringen. In manchen operativen Fächern gibt es Chefärzte, die selbst noch sehr oft und viel am Tisch stehen einfach, weil es sich dabei um absolute Koryphäen handelt. In den meisten Kliniken und den meisten Abteilungen wird aber der leitende OA der „beste Operateur" sein einfach, weil er es noch vielhäufiger macht als der Chef. Chefärzte werden nicht nach Tarif bezahlt. Das Gehalt ist also verhandelbar. Zum Gehalt kommen dann noch Bestandteile der betrieblichen Altersvorsorge dazu und die kompletten Privatliquidationen die in der Klinik bzw. in der Abteilung geleistet werden. Die Verträge sind also verhandelbar. Das bedeutet man kann hier einen Berater dazu holen der den Markt kennt und weiß welche einzelnen Punkt in einem CA – Vertrag verhandelbar sind und welche nicht.

Auf Absicherungsseite muss die Berufshaftpflicht erheblich angepasst werden. Auf jeden Fall ist die Absicherung der Klinik für die Abteilungen zu überprüfen. Es muss auch geschaut werden wie beispielsweise die Privatsprechstunden oder eine ggf. vorhanden Privatpraxis oder Privatambulanz des Chefarztes vom Haus behandelt werden. Auch im Jahr 2021 ist es so, dass viel Chefärzte habilitiert sind. Also zumindest PD sind oder eine Professur führen. Das wird von den Kliniken und Arbeitgebern einfach gerne gesehen, weil es ein gewisses Renommee ausstrahlt für Patienten. Zwingend notwendig ist es nicht aber habilitiert zu sein erhöht deutlich die Chancen auf einen Posten als Chefarzt. CAs werden sehr gerne extern besetzt. Es ist die Ausnahme, dass einer der OÄs aus der Abteilung direkt und unmittelbar die Nachfolge eines ausscheidenden CAs antreten. Also wenn man mit dem Gedanken spielt es zu versuchen Chef an einem Haus zu werden, muss einem bewusst sein, dass es günstig **ist einige Male die Stelle zu wechseln, habilitiert zu sein und ggf. etwaige Fortbildungen wie beispielsweise einen Gesundheitsökonomen vorweisen zu können.**

8.3 Ärztlicher Direktor oder Ärztlicher Geschäftsführer – Klinikvorstand

Solche Positionen sind absolut herausgehoben. **Es ist nicht planbar.** Sie werden in solch einer Position noch viel mehr als in der Position als Chefarzt (was der Tätigkeit häufig vorrausgeht) nicht mehr ärztlich tätig sein. Also in den seltensten Fällen. Was Sie tun werden ist Management. Es geht um Gespräche mit Chefärzten, Investoren, Politischen Mandatsträgern und Krankenversicherungen. Sie repräsentieren und managen. Am ehesten vergleichbar ist ein solcher Posten mit einer Vorstandposition in der freien Wirtschaft. Die Verträge sind befristet. Daher gilt es aus Sicht einer strategischen Finanzplanung, die Konzepte so anzupassen, dass eine Rückkehr in den ärztlichen Beruf falls gewünscht wieder möglich ist auch von Seiten der Absicherungskonzepte und Produktlösungen.

Einige Kliniken und Klinikbetreiber sind dazu übergegangen diese Positionen rollierend zu besetzen. Also immer einen Kollegen aus dem Kreis der Chefärzte für einen zeitlich befristeten Zeitraum auf diesen Posten zu heben und es dem Haus so zu ermöglichen, dass die CA's wieder auf die angestammten Posten zurückkönnen. Aus meiner Arbeit kenne ich auch Fälle, bei denen bewusst ein Kollege berufen wurde der sehr nah an der Rente war quasi als Krönung des Lebenswerkes. Auch solche Fälle kommen vor. Planbar ist eine solche Karriere nur sehr schwer. Es gehört viel Arbeit, Einsatz und Talent dazu und die Fähigkeit Menschen von sich einzunehmen und zu begeistern. Und man muss das Glück haben über den langen Zeitraum einer Karriere nicht den falschen Menschen auf den Schlips zu treten und sich in den richtigen Netzwerken bewegen.

Literatur

1. Hasske Eva (2020): Der kompetente Arzt im klinischen Bereich.
2. Gaede Kirsten (2009): Die Tipps der Chefärzte.
3. Blum Karl, Löffert Sabine (2010): Ärztemangel im Krankenhaus. Ausmaß, Ursachen, Gegenmaßnahmen.
4. Schlüchtermann J. (2003): Betriebswirtschaft und Management im Krankenhaus.
5. Ramsauer B. (2013): Bedeutung des hohen Frauenanteils für die Organisation des Klinikalltags und Bereitschaftsdiensts.
6. Busch Hans Peter (2012): Management Handbuch für Chefärzte.
7. Buddenberg- Fischer B, Spindler A., Peter Y., Buddeberg C. (2003): Karriereentwicklungen von Ärztinnen und Ärzten aus der Sicht von Chefärzten und Chefärztinnen.
8. Zapp W. (2010): Kennzahlen im Krankenhaus.

9

Selbstständigkeit

9.1 Kleine Anekdote: Wie ein Kunde von mir zu seiner Praxis kam

Einer meiner Mandanten hatte mich beauftragt einen Nachfolger für seine Praxis zu finden. Ich kannte den Arzt also vorher nicht und erst mit der Nachfolgesuche wurde er mein Kunde. Ich führe dann immer zuerst ein sehr langes Gespräch, um ein Gespür dafür zu bekommen wie der Kunde tickt und was für ein Mensch er ist, und ob die heikle und manchmal herausfordernde Aufgabe der Nachfolgeplanung funktionieren kann. Denn auch ich als Berater habe bestimmte Glaubenssätze und im Bereich Nachfolgeplanung geht es letztlich um das Lebenswerk des Kunden. Und dabei werden Kunden sehr häufig emotional. Aus diesem Grund ist es wichtig ein Gespür dafür zu entwickeln um was es dem Kunden wirklich geht und was er sich erhofft aus einer Zusammenarbeit aber auch was nicht passieren darf. Daher dieses lange Erstgespräch. Eine der Fragen, die ich dabei stelle, sofern es der Kunde nicht selbst erzählt, ist eben: Wie sind Sie eigentlich hierherkommen? Und die folgende Antwort auf die Frage hat mich an diesem Tag, einem Samstag überrascht und umgehauen. Ich habe ausdrücklich gefragt, ob ich die Geschichte erzählen darf und der Kunde hat, zugestimmt, insofern danke dafür nochmal.

„Also wissen Sie Herr Bartz, ich wollten ja eigentlich nicht mehr weg aus Mainz, aber ich hatte meiner Frau versprochen, dass wir wieder zurück in die Heimat gehen nach dem Studium und das haben wir dann auch gemacht. Ich habe also hier im Kreiskrankhaus meinen Internisten gemacht und wollte eigentlich nicht in die Allgemeinmedizin. Dann hat mich mein Chefarzt angesprochen, dass der Arzt im Nachbarort eine Urlaubsvertretung brauchen würde und ob ich das nicht machen könnte für 3 Wochen. Zu der Zeit habe ich eh darüber nachgedacht die Klinik zu wechseln und es war mal wieder dicke Luft in der Abteilung und so schien mir das eine schöne Abwechslung zu sein. Zumal ich ja gerne Fahrrad fahre und ich dann die Möglichkeit haben würde morgens über den Radweg in die Praxis zu fahren. Und es war Sommer und das sagte mir dann sehr zu, auch wenn ich mich nie in der Rolle eines Hausarztes gesehen hatte und sehen wollte. Mein Vater war Forstmeister gewesen und meine Schwester ist in einem operativen Fach, also als Hausarzt hatte ich mich nicht gesehen. Ich kam also montags in die Praxis und der Herr Dr. hat mich rumgeführt und mir ein wenig erklärt was zu tun ist. Und dann hat der die anwesende Helferin in die Bäckerei geschickt, um Brötchen zu holen. Er ging mit mir in sein Arztzimmer, öffnete die Schublade und zog 2 Bilder heraus. Einmal Kopf und einmal Thorax. Auf den Bildern waren dann viele Metasthasen zu sehen und an seinem Gesicht konnte ich erkennen, dass ich mir die Frage sparen konnte von wem diese Bilder sind. Dann sagte er: Herr Kollege ich suche keine Vertretung ich suche einen Nachfolger. Ich gehe nächsten Montag ins Krankenhaus und werde es nicht mehr lebend verlassen. Am Mittwoch kommt der Steuerberater und zeigt Ihnen die Zahlen und für Freitag habe ich einen Notartermin vorgemerkt. Den Rest erledigen wir danach. Ich sage es Ihnen direkt. Es eilt. Ich bin 2-mal geschieden und am Samstag heirate ich meine Freundin. Das heißt wenn ich bald sterbe und Sie die Praxis wollen dann müssen Sie sich mit mindestens drei Parteien einigen oder wir machen es diese Woche. Und dann war mein erster Tag beendet. Mittwochs kam der Steuerberater, wir sind dann gemeinsam zur Bank und an dem Freitag waren wir beim Notar. Der Kollege ist an dem Montag ins Krankenhaus und am Mittwoch der darauffolgenden Woche

verstorben, was wirklich makaber war, weil ich offiziell bei der KV ja noch die Vertretung war – also in dem Fall die Vertretung für einen Toten."
Das war ein Gespräch, das ich so schnell nicht vergessen habe. Manchmal schlägt das Schicksal einfach zu und Dinge gewinnen ungewollt so sehr Dynamik, dass man meinen könnte ein Wirbelsturm würde einem einfach mitreißen und irgendwo auf halber Strecke wieder freigeben.

9.2 Niederlassung

Das Thema Niederlassung kann ein eigenes Buch füllen. Der Markt hat sich gewandelt und tut es noch immer. Es gibt mehr Abgeber als junge Kollegen, die in die ambulante Versorgung wechseln wollen. Die Medizin hat sich zusätzlich feminisiert. Also sind viel mehr Frauen in Facharztpositionen als Männer. Und Frauen sind es häufig die nach der Geburt eines Kindes länger zu Hause bleiben. **Das hatte und hat zur Konsequenz, dass flexible und smarte Modelle der Arbeitsteilung mehr und mehr in die ambulante Versorgung Einzug halten.**
Gleichzeitig steigt der ökonomische Druck enorm im System. Investoren sind inzwischen auch auf ambulante Medizin aufmerksam geworden und sind ein relevanter „Player" am Markt geworden. **Die Einzelpraxis auf dem Land weicht zunehmend größeren Versorgungsstrukturen.** Wie auch die veränderten Rahmenbedingungen sich weiterentwickeln. Aus fachlicher Sicht war es nie spannender sich mit dem System der ambulanten Versorgung zu beschäftigen. Nochmals muss an dieser Stelle die starke Einschränkung bekräftig werden, dass das Thema in den folgenden drei Unterkapiteln nur angerissen wird. Daher kann aus der reinen Beschreibung einer Niederlassung keine Empfehlung abgeleitet werden. Die Erfahrung aus vielen Jahren zeigt, dass es die „normale" Niederlassung nicht gibt. Jedes Projekt stellt den Berater aber auch die Gründer und Verkäufer vor neue Herausforderungen. Seien es zwischenmenschliche Dinge, die KV, das Bauamt, der TÜV, die Bank, oder der Ehepartner. Niederlassungen und die Arbeit in der ambulanten medizinischen Versorgung sind nie langweilig. Schon aus dem Grund, dass sehr vielen Beteiligte in den Prozess involviert sind. Insofern ist das

ein spannender und manchmal kräftezehrender Beruf aber niemals eintönig.

Sofern Sie Mediziner sind und sich mit dem Gedanken tragen die Klinik zu verlassen werden aus meiner Erfahrung heraus folgende Gedanken in Ihnen vorgehen:

Das Thema Sicherheit: Als angestellter Arzt in einer Klinik haben Sie in Deutschland quasi eine Jobgarantie. Und dieser Job ist darüber hinaus auch noch ordentlich vergütet. Bei einem Wechsel ist vielen Ärzten das vermeintliche Risiko zu groß. Aber das ist nicht so. Natürlich fällt das Gehalt weg und man ist jetzt selbst der Chef, aber für alle administrativen und ökonomischen Aufgaben gibt es Menschen, die Sie dafür bezahlen können, dass Ihnen diese Themen abgenommen werden, oder die eine Angestellte von Ihnen anleiten diese Themen zukünftig zu übernehmen. Sie können, wenn Sie wollen auch in der Praxis einfach nur Arzt sein. Die monatlichen Einnahmen durch Zahlungen der KV werden deutlich höher sein als das Gehalt, dafür müssen Sie von diesen Einnahmen dann auch die Ausgaben der Praxis bestreiten. Eine gute Planung und Berechnungen dieser Zahlen in unterschiedlichen Szenarien gibt Ihnen aber die Sicherheit, dass es ökonomisch funktionieren wird.

Das Thema Chef sein: Ja es kann so kommen, dass Sie in einer Einzelpraxis oder vielleicht mit einem weiteren Partner die Menschen sein werden, die bestimmen, wo es lang geht. Aber das ist als Oberarzt in der Klinik nicht anders. In den operativen Fächern bestimmten Sie wie die Dinge zu laufen haben. Und auch wenn Sie auf Station sind, haben Sie Weisungsbefugnis über die Assistenzärzte, Schwestern und PJ'ler. Das ist kein Unterschied. Auf Basis Ihrer Kompetenz, der Ausbildung und Ihrer Erfahrung müssen Sie Entscheidungen treffen. Sehr viele Entscheidungen. Da unterscheidet sich die Tätigkeit in einer Klinik nur wenig von der in der ambulanten Versorgung. Sie nehmen es nur nicht so wahr, weil Sie sich in einer großen Klinik befinden und es im Notfall noch einen Chefarzt zu geben scheint.

Das Thema: Alleine in der medizinischen Verantwortung stehen: Hin und wieder höre ich die Argumentation, dass in der Praxis keine Kollegen verfügbar sind für den konkreten Austausch eines Falles. Sei es jetzt aus Unsicherheit oder eben wegen des Austauschs an sich. Sofern ein Kollege im ambulanten Bereich nicht mehr weiterweiß, sollte er wissen, wo er ggf. anrufen kann. Es ist kein Zeichen von Schwäche, sondern ein Zeichen von Vernunft und Expertise, wenn man Patienten an andere Kollegen oder Kliniken verweist. Insofern sind auch diese Befürchtungen wenig valide und konsistent. In der Regel werden weniger Kollegen zur Verfügung stehen mit denen man sich austauschen kann. Sei es nun zu fachlichen Themen, konkreten Fällen oder einfach nur so ein Schwätzchen in der Kaffee Küche oder in der Mittagspause. Ja das wird so sein. Aber viele Kunden im ambulanten Bereich besuchen regelmäßig Stammtische und Qualitätszirkel und der Austausch mit den Patienten nimmt zu, weil doch ein wenig mehr Zeit für die Patienten übrigbleibt als in der Klinik.

Besprechen Sie sich vor einer Niederlassung mit Ihren Freunden, mit dem Partner und im günstigsten Fall mit einem Kollegen oder einer Kollegin, die den Schritt bereits gegangen sind. Und besprechen Sie sich bitte mit einem Kollegen über Ihr Vorhaben der den „advocatus diaboli" spielt. Also mit jemandem der strikt gegen ein solches Vorhaben ist. Und dann schreiben Sie die Argumente dafür und dagegen auf und reflektieren diese auf Basis des gerade gelesenen Kapitels. So kommen Sie zu einer reflektierten Entscheidung.

9.2.1 Rechtsformen

Strukturell zu unterscheiden ist zwischen zwei Formen der Niederlassung. Auf der einen Seite die individuelle Niederlassung in Form einer Einzelpraxis, auf der anderen Seite kooperative Formen wie beispielsweise eine BAG oder ein MVZ. Dazwischen gibt es noch die Formen der Praxisgemeinschaft und die Möglichkeit einer Teil Berufsausübungsgemeinschaft. In der Praxis sind aber die beiden Reinformen diejenigen die am häufigsten vorkommen. Jede Rechtsform hat Vor – und Nachteile und kann erheblichen Einfluss auf die Strategien im Verlauf der Entwicklung der Praxis haben.

Die einfachste Rechtsform, die der Gesetzgeber kennt, ist eine GbR, also eine Gesellschaft bürgerlichen Rechts. Die Vielzahl der Praxen in Deutschland sind über diese Form organisiert. Das Wesen der GbR ist sehr frei. Also die Personen, die sich dafür zusammenschließen und auch Einzelpersonen unterliegen wenigen Restriktionen im Hinblick auf die Ausgestaltung der Geschäftstätigkeit. Allerdings besteht auch volle Haftung. Doch auch bei Gesellschaftsformen, die mit einer eigenen juristischen Person im Sinne einer Kapitalgesellschaft organisiert sind (beispielsweise MVZ GmbH) wollen die KV'en und teilweise auch die Banken, dass die Eigentümer bzw. Gesellschafter, also die handelnden Ärzte trotzdem mit dem eigenen Vermögen haften und lassen sich das auch in schriftlicher Form unterzeichnen. Wirksame Haftungsbeschränkungen gibt es – allerdings werden diese von den KV'en nicht so gerne gesehen.

Es ist immer eine Hilfe die bestehende und die geplante Rechtsform mit einem Rechtsanwalt **und** einem Steuerberater zu besprechen. Und zwar nicht irgendeinem Rechtsanwalt oder Steuerberater, sondern solchen die sich mit der Kundengruppe auskennen. Ist dies nicht der Fall, können vorschnelle und unüberlegte Entscheidungen sehr teuer und unangenehm im Nachgang werden.

Wenn es darum geht, dass Ihnen bereits eine Praxis gehört und Sie weiter expandieren wollen, hat die Wahl der Rechtsform erheblichen Einfluss. So können bestimmte Rechtsformen das überdisziplinäre Wachstum erleichtern, weil die KV'en einfach nur zustimmen müssen und es kein langwieriges Verfahren nach sich zieht, andere Formen können ein Wachstum erschweren. Inhaltlich sind Sie also mit den betreffenden Fragestellungen an einem Punkt, an dem Sie Expertise benötigen.

Und zwar juristische, steuerliche und ökonomische Expertise, kombiniert mit der Erfahrung von anderen Fällen und Praxen. **Wenn Sie hier sparen wird es teuer.**

9.2.2 Strategische Fragestellungen

Folgend finden Sie eine Auflistung von sinnvollen Fragen, die man sich stellen kann, bevor man sich für die ambulante Versorgung entscheidet, aber auch wenn man bereits eine Praxis besitzt und diese strategisch entwickeln möchte. **Viele dieser Fragen haben Überschneidungen. Aber die Beantwortung führt zu einer Klarheit,** die Sie so vorher nicht hatten. Wenn Sie diese Sammlung weitgehend für sich beantwortet haben sollten Sie mit den Ergebnissen zu einem Experten und Niederlassungsberater, der auf der Basis einen individuellen und maßgeschneiderten Fahrplan für Ihren Wechsel in die ambulante Versorgung erstellen wird.

Persönliche Fragen im Vorfeld
- Wie weit ist die Familienplanung?
- Trägt der Partner die Entscheidung mit?
- Wo soll die Praxis sein?
- Wie sieht es aus mit einer eigengenutzten Immobilie?
- Wäre ich bereit in einer Phase überproportional viel zu arbeiten?
- Wie ist meine grundsätzliche Einstellung gegenüber finanziellen Risiken?
- Traue ich mir zu Chef und Arbeitgeber zu sein?
- Bevorzuge ich allein zu arbeiten oder kooperativ?
- Warum möchte ich in die ambulante Versorgung?
- Wo sehe ich mich in 7 Jahren?

Finanzielle Fragen im Vorfeld
- Wie hoch sind meine Rücklagen?
- Was will ich verdienen in der Niederlassung?
- Möchte ich Eigenkapital einbringen?
- Wie hoch sind die privaten Verbindlichkeiten?
- Was muss ich mindestens verdienen mit einer Praxis?
- Habe ich einen Steuerberater, der sich mit Freiberuflern auskennt?

- Welche Afa führt zu höherer Liquidität?
- Spare ich ausreichend Altersvorsorge?
- Könnte ich aus eigenen Mitteln in der Startphase leben?
- Wie entwickelt sich das Einkommen meines Partners?
- Welche ökonomischen Ziele habe ich die nächsten 3, 5, 7 Jahre?

Organisatorische Fragen im Vorfeld
- Kann ich alle Weiterbildungen belegen?
- Gibt es Ansprechpartner die mir helfen?
- Habe ich mich ins Arztregister eintragen lassen?
- Ist mein Fach im Zulassungsbezirk offen oder gesperrt?
- Gibt es bereits eine Warteliste?
- Habe ich alle notwendigen Dokumente aktuell und beglaubigt?
- Habe ich einen Berater?
- Welche Kündigungsfristen hat mein Anstellungsvertrag?
- Gibt es Wettbewerbsklauseln in meinem Arbeitsvertrag?

Fachliche Fragen im Vorfeld
- Wie viel Kollegen aus der gleichen Fachrichtung gibt es in unmittelbarer Umgebung?
- Wie alt sind die Kollegen im Schnitt?
- Welche potenziellen Überweiser gibt es im Umfeld der Praxis?
- Wie sind Not – und Wochenenddienste organisiert?
- Welche Krankenhäuser und Privatkliniken sind im Umfeld?
- Ist eine medizinische Hochschule in Reichweite der Praxis?
- Wie ist das sozio – demographische Umfeld zu bewerten?
- Kann ich neue Helferinnen finden, wenn die Praxis wachsen soll?
- Gibt es lokale Arztnetzwerke, von denen ich profitieren kann?

Absicherungsthemen im Vorfeld einer Niederlassung
- Anpassung der Berufshaftpflicht

- Anpassung der Rechtschutzversicherung
- Anpassung der Risikolebensversicherung
- Anpassung der Berufsunfähigkeitsabsicherung
- Rückmeldung an das Versorgungswerk
- Überprüfung der Krankenversicherung

Am Ende all dieser Fragen, die keineswegs den kompletten Katalog abbilden, werden bestimmte Themenfelder vielleicht schon gelöst sein, während für andere Themenfelder durch diese Fragen erst eine gewisse „Bewusstheit" entsteht für den Gesamtkomplex. **Jetzt gilt es den Prozess anzustoßen und sich auf den Weg zu machen.**

Schreiben Sie sich in dieser Phase auch auf was Ihre größten Ängste und Bedenken sind. Und dann fragen Sie sich welche Möglichkeiten Sie haben, dass aus diesen Bedenken keine Realität wird. Ebenso umgekehrt. Schreiben Sie auf wo Sie finanziell, beruflich und privat in den nächsten 3–5 Jahren stehen wollen und überlegen sich welche Maßnahmen Sie ergreifen könnten, um die Wahrscheinlichkeit zu erhöhen, dass diese Vision Realität werden. **Der Plan unterscheidet den Wunsch vom Ziel.** Je konkreter und detaillierter dieser Plan ist desto höher ist die Wahrscheinlichkeit, dass es funktioniert. Sie sollten die Macht Ihrer Gedanken niedergeschrieben in eigener Handschrift nicht unterschätzen. Zur Bestimmung der Ziele gibt es das weithin bekannte SMART Schema. Ihre Ziele sollten **S**pezifisch (Specific), **M**essbar (Measureable), **E**rreichbar (**A**chievable) und **Z**eitgebunden (**T**ime -bound) sein.

9.2.3 Kosten

Eine Niederlassung, egal in welcher Form wird Kosten verursachen. Damit sind nicht nur die realen Kaufpreiskosten für eine Praxis gemeint, sondern auch emotionale Kosten und zeitliche Kosten. Die Kaufpreisfindung mit einem Abgeber gestaltet sich in vielen Fällen als herausfordernd. Der Hintergrund dazu dürfte nach kurzer Reflektion zu dem Thema sehr schnell klar sein. Die Praxis die Sie kaufen ist nicht nur eine Praxis in den Augen des Abgebers. **Es sind seine Praxis, sein Lebenswerk und seine Patienten.** Und dafür ist eigentlich jeder Preis den Sie als potenzieller Käufer bieten zu niedrig. Erschwerend kommt hinzu, dass es unterschiedliche Methoden zur Kaufpreisermittlung von Praxen gibt, die zu sehr unterschiedlichen Ergebnissen führen. Der Vollständigkeit halber zähle ich die drei Methoden auf – gehe aber nicht näher darauf ein. Möglich zur Bewertung des Wertes einer Praxis ist **die Stammwertmethode**, die Methode der **Übergewinnverrentung** und die **Bewertung nach modifizierten Ertragswertverfahren**.[1] Letztgenannte ist die Methode, die durch den BGH anerkannt ist und Verwendung finden soll, und es ist spannenderweise auch die Methode, die zu den niedrigsten Summen führt.

Aber bei so mancher Niederlassung sind diese Methoden völlig egal. Einfach aus dem Grund, denn der Abgeber einen Sitz oder eine Praxis hat, die es so nicht in der Masse und dem Standort gibt. Und wenn er mehrere Bewerber hat von denen auch nur einer bereit ist den vielleicht überhöhten Preis zu bezahlen – dann sind dem Abgeber irgendwelche Methoden und Verfahren egal. Der Wechsel in die ambulante Versorgung bewegt sich also grob zwischen 1 EUR und 1.000.000 EUR. Die Kosten sind stark davon abhängig, ob Sie sich mit der gewünschten Fachrichtung und der Region auf einem Käufer oder Verkäufermarkt befinden. Auf einem **Käufermarkt** besteht ein größeres Angebot als die Nachfrage. Hier können die Vorteile in der Preisverhandlung beim Käufer liegen. In einem **Verkäufermarkt** ist die Nachfrage höher als das Angebot. Hier kann der Verkäufer einen höheren Preis erzielen. Theoretisch gibt es in der Theorie (kommt aus der Volkswirtschaftslehre) noch die Möglichkeit des **Gleichgewichts** – also einer perfekten Deckung von Angebot und Nachfrage. Wie so viele andere Modelle in der VWL hilft diese Vorstellung zwar die Komplexität der Realität zu reduzieren entspricht aber nicht voll und ganz der empirisch erlebbaren Welt.

---

[1] **Anmerkung des Autors:** Sofern man sich auf ein Verfahren einigen kann ist das schon ein Fortschritt bzw. eine Basis auf der sich arbeiten lässt. In manchen Fällen werden völlig überzogene Preise angesetzt. Das führt dann zu Aussagen wie: „Dafür verkaufe ich mein Lebenswerk nicht." „Dann wird die Praxis halt geschlossen." „Dann suche ich einen anderen." Wenn solche Sätze fallen wird es herausfordernd. Hintergrund ist sicherlich, dass die Abgeber in der Praxis eine Art „Lebenswerk" sehen und dass eine Diskussion über den vertretbaren Preis des Lebenswerkes, zwangsläufig zu emotionalen Ausbrüchen führen muss und wird. Daher die klare Empfehlung: Lassen Sie einen professionellen Dritten diese Verhandlungen übernehmen. Dann bekommt er es ab und Ihr Verhältnis zum Abgeber bleibt gut.

9.2.4 Ablauf

Von der Idee bis zur Umsetzung kann ein solches Projekt ein Jahr oder länger dauern. Es gibt auch Niederlassungen, die sehr schnell gehen. In der Regel aber eher 6–12 Monate. Ist die Entscheidung gefallen und keine Praxis vorhanden an die man andocken kann oder die übernommen werden kann muss zunächst mal ein Sitz, bzw. eine Praxis gefunden werden. Das kann schon eine gewisse Zeit in Anspruch nehmen. Neben den persönlichen Präferenzen sind dann auch die formalen Schritte, die getan werden müssen, entscheidend für den Ablauf und die Dauer.

Sie sollten den Prozess von einem Berater begleiten lassen, der einen Plan hat und diesen Plan mit Ihnen gemeinsam bespricht und abarbeitet. Das ist dann zwar immer noch keine Garantie für den 100 % – digen Erfolg beim Wechsel in die ambulante Versorgung, erhöht allerdings die Chancen exponentiell, dass es schnell geht und keine teuren Fehler gemacht werden. Der Berater kann die Koordination zwischen Ihnen, dem Abgeber, technischen Dienstleister, der Bank, der KV, dem Steuerberater und dem Rechtsanwalt übernehmen. So haben Sie als Arzt nur einen direkten Ansprechpartner und nicht 6–10 Personen, mit denen Sie ständig im Austausch bleiben müssen. **Denn auch in dieser Zeit, in der Sie den Wechsel vorbereiten und konkret umsetzen wird es wahrscheinlich so sein, dass Sie weiterhin als Arzt in der Klinik arbeiten und daher einen ausgefüllten Tag haben.**

Aus der Erfahrung heraus laufen die Niederlassungen am einfachsten und in der schnellsten Zeit in denen der Gründer verstanden hat, dass es seine Aufgabe ist zu delegieren und nicht operativ jede Maßnahme umzusetzen.

Von der Idee bis zur Eröffnungsfeier ist das ein sehr kleinteiliger und komplexer Prozess, **vergleichbar mit einer großen Baustelle, bei der die einzelnen Gewerke aufeinander aufbauen. Daher sollten Sie einen Architekten beauftragen, der die Gewerke beauftragt, kontrolliert und die den Plan als Ganzes im Überblick hat.**

Die meisten Niederlassungen scheitern nicht an finanziellen Fragestellungen, sondern an zwischenmenschlichen Differenzen. Daher ist es wichtig, dass Sie auf Ihren Bauch hören und das Gefühl mit jemanden

Teilen. Ein Kunde sagte mir mal: „Eine Niederlassung mit einem Partner ist ja wie eine Ehe." Ich finde das Bild entspricht ganz gut der Realität. Und Sie würden doch niemals jemanden heiraten bei dem Sie ein schlechtes Bachgefühl haben! Vertraglich lassen sich sehr viele Details regeln im Binnenverhältnis einer gemeinsamen Berufsausübung aber das zwischenmenschliche und die Beziehung zueinander leider nicht. Daher ist eine grundsätzliche Sympathie nicht hinderlich für den Erfolg eines Projektes.

9.3 Ruhestandsplanung und Praxisverkauf

Für Ärzte, die sich so langsam in Richtung Ruhestand bewegen haben sich einige Dinge geändert. Von der Logik her gehören zu dieser Zielgruppe alle Mediziner, die zwischen 60 und 66 Jahren sind. Für Inhaber einer Praxis sollte **ausreichend viel Zeit eingeplant werden,** um das Projekt Praxisabgabe und Nachfolge auch erfolgreich zu gestalten. Hier gibt es vielfältige Möglichkeiten diese Phase im Leben strategisch vorzubereiten. **Je nach Fachgebiet und Region sollte mit diesen Überlegungen etwa 5–8 Jahre im Vorfeld der geplanten Abgabe begonnen werden.** Sollte Ihnen ein Berater oder Makler begegnen der Ihnen verspricht sicher einen Nachfolger in einer bestimmten Zeit zu organisieren, dann hat er diesen schon und Sie haben einfach die passende Angebotsseite, oder er lügt Sie an. Es ist nicht seriös solche Versprechungen zu machen. Im ambulanten Nachfolgemanagement gibt es keine Sicherheiten. Jeder der eine Garantie ausspricht begibt sich auf extrem dünnes Eis. Die Chancen einer erfolgreichen Nachbesetzung steigen je früher man das Projekt angeht. Das bedeutet nicht, dass Sie bereits 15–20 Jahre vorher anfangen sollen zu suchen. Aber es bedeutet in einem Zeitraum von 5–8 Jahren. Denn dann bestehen noch Möglichkeiten die Praxis oder die Einheit so strukturell zu verändern, dass die dann aktuell gültigen Bedürfnisse der jungen Nachfolger erfüllt werden können. Das funktioniert aber nicht mehr, wenn der Praxisinhaber mit 67 aufhören möchte und an seinem 66. Geburtstag beschließt ein Inserat ins Ärzteblatt zu setzen. Es wäre ein großer Zufall und großes Glück, wenn das ad hoc funktionieren würde. Ich möchte dahingehend auch nicht demotivieren, sondern lediglich sensibilisieren. **Mir ist in 11 Jahren Berufspraxis kein adhoc Nachbesetzungsfall begegnet.**

Ein Beispiel für die Komplexität in diesem Bereich ist die Bestimmung eines validen Kaufpreises für die Praxis. Hier gibt es verschiedenste Methoden und Fachbegriffe. Und die verschiedenen Methoden führen auch zu sehr unterschiedlichen Ergebnissen. Und steht eine Zahl erst einmal im Raum, dann ist diese Zahl der Anker um den verhandelt wird. Wenn dieser Anker jetzt um 150.000 EUR abweicht dann kann dies je nach Richtung und Interesse negative oder positive Folgen haben. Daher sollten zu Beginn ein eigenes Gutachten bzw. eine eigene Kaufpreisschätzung beauftragt werden, damit zumindest der erste Anker gesetzt ist. Wenn Inhaber das nicht machen dann rate ich den potentiellen Käufern eine ungefähre Zahl in einem persönlichen Gespräch zu erfragen und diese auf keinen Fall zu kommentieren, um eine Idee davon zu bekommen wie weit diese Vorstellungen von einer nachvollziehbaren Berechnung abweichen. Hier gibt es positive und negative Abweichungen. In den wenigsten Fällen stimmen allerdings die Vorstellungen mit der Realität überein. (vgl. [7], S. 27 ff.)

Stellen Sie frühzeitig Überlegungen an, wie Sie etwaige Vermögenspositionen an die nächste Generation geben möchten, ohne dafür Steuern zahlen zu müssen. Und überlegen Sie umgekehrt was eine smarte Vorgehensweise wäre um eventuell vorhandenes Vermögen der Elterngeneration unbeschadet übergehen lassen zu können. Das sind keine schönen Themen die es hier zu bedenken und zu strukturieren gilt. Es ist allerdings wichtig einen Plan an der Stelle zu haben. Spätestens – wirklich aller spätestens jetzt ist auch die Zeit gekommen sich über ein eigenes Testament, Vorsorgeverfügungen und – vollmachten und Patientenverfügungen Gedanken zu machen. Ein guter Berater wird Sie damit nerven, bis diese Themen besprochen und geregelt sind. Im Sinne eines „Notfallordners" sollten all diese Dokumente sowohl online geschützt wie auch physisch greifbar sein für den Fall der Fälle.

Auch bei angestellten Ärzten gibt es einige spannende Möglichkeiten der Ausgestaltung einer lohnenden und klugen Ruhestandsplanung. Je nach Versorgungswerk und den bereits generierten Anwartschaften kann es sehr lohnend sein, die Versorgungswerkrente vorzuziehen und die freiwerdende Liquidität – bei gleichzeitigem Rentenbezug anderweitig zu investieren. Auch steuerliche Aspekte bei der Veräußerung von Vermögenswerten und vorgezogenen Erbschaften bieten Gestaltungsmöglichkeiten, können aber auch zum Ärgernis werden, sofern es nicht gut gemacht wird.

Strategische Ruhestandsplanung sollte bereits einige Jahre vorher beginnen und mit einer gut aufarbeitenden Agenda und einem strukturierten Plan was Ihnen als Kunde im Ruhestand wichtig ist – und wie mit bestimmten Vermögenspositionen umgegangen werden soll. Darauf aufbauend können dann konkrete Maßnahmen abgeleitet, umgesetzt und begleitet werden.

9.4 Ärzte im Ruhestand

Womöglich könnte die Überschrift auch heißen: Ärzte im Unruhestand. Denn viele Ihrer Kollegen arbeiten noch weiter nach dem Ruhestand, engagieren sich ehrenamtlich und reisen sehr viel. Andere widmen sich der Familie, den Enkelkindern oder Hobbies, die über all die Jahre der ärztlichen Tätigkeit zu kurz gekommen sind. Die schöne Nachricht ist: Viele unserer Mandanten die Ärzte sind, schaffen es gesund und durchaus vermögend in den Ruhestand. Achten Sie bitte darauf, dass Sie Ihre Berufshaftpflicht nicht kündigen, sondern nur umstellen. Denn Sie haben noch 10 Jahre Nachhaftung in diesem Bereich. Und daher sollten Sie sich vor etwaigen Forderungen schützen. Ansonsten gibt es im Ruhestand wenige arztspezifische Dinge auf die man achten muss. Bei einigen Ihrer Kollegen war es so, dass über Facharztverbände zum Beispiel Rahmenverträge geschlossen werden konnten für eine günstige KFZ – Versicherung oder einen günstigen Auslandsreisetarif. Wenn Sie in Ruhestand gehen, kann es sein, dass diese einst sehr günstigen Tarife dann überproportional teuer werden. Die gute Botschaft dabei ist, dass eine Erhöhung immer ein Sonderkündigungsrecht auslöst, insofern ist man den Tarif dann auch schnell wieder los, wenn man das im Blick behält und sich kümmert.

Literatur

1. Müller Susanne (2015): Angestellt im Team, im MVZ und trotzdem ein freier Arzt.
2. Wais T., Rudolph P., De la Barré (2015): Praxismanager. Ein neues Berufsbild für die aktuellen Herausforderungen im deutschen Gesundheitswesen.
3. Frank M. (2010): Meine Arztpraxis – erfolgreich im neuen Gesundheitsmarkt.
4. Frank M. (2005): Praxisgründung und Praxismanagement: Erfolgreich selbstständig in der Arztpraxis.
5. Schurr M., Kunhardt H., Dumont M. (2008): Unternehmen Arztpraxis. Ihr Erfolgsmanagement.
6. Mair A. (2013): Kostenmanagement in der Arztpraxis.
7. Klapp Eckhard (2009): Übernahme einer Arztpraxis unter Berücksichtigung des Nachbesetzungsverfahrens in gesperrten Gebieten.
8. Attermeyer Elke (2006): Die ambulante Arztpraxis in der Rechtsform der GmbH.

10

Steuerberater, Rechtsanwälte, Banker, Finanzmakler

In jeder Berufsgruppe gibt es „gute" und „schlechte" Exemplare. „Drum prüfe wer sich ewig bindet." Achten Sie darauf jemanden zu finden der Ihnen wirklich hilft und weder zu hohe Kosten noch „Mehrarbeit" verursacht.

Sofern Sie das gesamte Buch bis zu dieser Stelle durchgearbeitet haben, sollte Ihnen bewusstgeworden sein, dass es ohne Berater dazu kommen wird, dass Sie in finanzieller Hinsicht Fehler machen werden. Das können kleine Fehler sein, die Sie nur wenig Geld kosten werden – aber auch große und teure Fehler, bis hin zu existenziellen Fehlern. Übersetzt bedeutet das, dass es klug ist sich an **externer Stelle Rat und Kompetenz zu suchen**. Hier gibt es verschiedene „Anlaufstellen" für Sie. Grundsätzlich kann jeder dieser Experten Sie beraten. Die Frage ist nur aus welcher Perspektive und mit welchen Absichten. Daher sollten man sich kurz darüber Gedanken machen, um bestimmte Empfehlungen und Handlungen besser einordnen zu können. Es geht hier um eine sachliche Einordnung und nicht um die Diskreditierung einzelner Berufsstände.

Die wenigsten Ärzte werden es durch das Berufsleben schaffen ohne einen Steuerberater. Sofern Sie sich niedergelassen haben oder darüber nachdenken, wird das zur Pflicht. **Achten Sie darauf, dass der Steuerberater auch andere Ärzte betreut und sich grundsätzlich mit der Beratung der freien Berufe auskennt.** Er sollte ansprechbar und zuverlässig sein. Und zwar er direkt. In der Regel wird der Berufsträger, sofern er eine Kanzlei leitet auch Chef sein und die Erklärungen nicht selbst erstellen, sondern ausschließlich prüfen, testieren und unterschreiben. Wenn Sie Fragen haben und das aber direkt mit dem StB. besprechen möchten und dieser nicht verfügbar ist – so ist das kein gutes Zeichen. Also bestehen Sie darauf, dass die Zahlen in einem persönlichen Termin mindestens einmal jährlich besprochen werden. Steuerberater werden Ihnen keine „Steuersparmodelle" oder andere Finanzprodukte anbieten. Sollte das doch der Fall sein so lassen seien Sie vorsichtig. Sofern Sie eine Lohnbuchhaltung in der Praxis einrichten, sollten Sie in Absprache mit der Steuerberaterpraxis einen festen Ansprechpartner definieren, und zwar auf Seiten der Arztpraxis und in der Steuerkanzlei, damit Sie hier kurze Wege haben und sich ein regelmäßiger Austausch und eine wachsende Vertrauensbasis ergeben kann. Es ist keine gute Idee in regelmäßigen Abständen den Steuerberater zu wechseln. Die Kollegen kennen sich untereinander und das wird zu Rückfragen führen. **Außerdem ist es sinnvoll, dass sich über die Jahre ein vertrauensvolles Verhältnis bildet und ihr Steuerberater und Ihre Praxis gemeinsam wachsen können.** Der Steuerberater kann ein guter zusätzlicher Sparringspartner sein, um unternehmerische Ideen zu diskutieren. Auch kann man mit Steuerberatern gut in den Austausch kommen welche Projekte im Hinblick auf den Vermögensaufbau interessant sein können. Das wird aber eher im privaten Austausch passieren als während der Erstellung der Steuererklärung. Wenn Sie keinen persönlichen Draht zu Ihrem Steuerberater haben, dann sollten Sie sich einen anderen suchen. Es gibt ausreichend davon am Markt, die gerne Ärzte begleiten.

> Suchen Sie sich einen Steuerberater, der in einem ähnlichen Alter ist wie Sie und dem Sie nicht nur vertrauen, sondern mit dem Sie sich auch gut verstehen. So können Sie beide gemeinsam in einer langjährigen Geschäftsbeziehung im gemeinsamen „Win – Win" wachsen.

Rechtsanwälte und Ärzte ist ein durchaus heikles Thema. Sollten Sie einmal Rechtsbeistand benötigen, so suchen Sie sich bitte einen absoluten Experten. Die speziellen Fragestellungen können den einzelnen Fachanwälten bzw. Spezialisten zugeordnet werden. Sollten Sie Probleme haben in der Ausgestaltung der Praxis im Hinblick auf Gesellschafterverträge oder ähnliche Fragestellungen haben benötigen Sie einen Anwalt, der sich mit Standesrecht von Freiberuflern und Gesellschaftsrecht auskennt. Sollte Sie ein Patient verklagen wäre die beste Wahl eine Kanzlei mit einem Fachanwalt für Medizinrecht, der auch Strafrecht macht. Bei Fragestellungen rund um einen KV Regress oder die Zahlen in Ihrer Praxis sollten es Anwälte sein, die bereits viele Praxen betreuen und einen steuerrechtlichen Einschlag haben. Sollte es private Probleme geben dann benötigen Sie einen Fachanwalt für Familienrecht. Es wird daher wohl nicht bei dem einen Anwalt bleiben, sondern es ist klug sich spezifisch anhand der Problemstellungen darum zu kümmern, dass man von einem Experten vertreten wird. Sie können auch eine Großkanzlei beauftragen. Das ist auch für den „kleinen" Endkunden möglich – wenn dieser bereit ist die Honorare von Spitzenanwälten zu zahlen. Das kann den Vorteil haben, dass alle rechtlichen Fragestellungen „inhouse" gelöst werden können. Die Rechnungen werden höher sein bei einer renommierten Großkanzlei – dafür erhalten Sie aber garantierte Leistung auf einem hohen Niveau. Viele meiner Kunden finden Ihren Anwalt einfach dadurch, dass dieser lokal verfügbar war. Das kann ein Vorteil sein – der allerdings in Zeiten von Corona und gestiegener Bereitschaft zu Onlinekonferenzen und Videocalls nicht mehr so stark wiegt wie zu früheren Zeiten.

The manufacturer's authorised representative in the EU is Springer Nature Customer Service Centre GmbH, Europaplatz 3, 69115 Heidelberg, Germany. If you have any concerns regarding our products, please contact ProductSafety@springernature.com

Printed and bound by CPI Group (UK) Ltd, Croydon, CR0 4YY

26/03/2026

02078853-0009